スイスイ
suisui

すべての女子はメンヘラである

22年間メンヘラだった私がたどりついた
悩まないセブンルール

飛鳥新社

この本を読むすべての人に、
「できるだけ悩まない日々」を捧げたい。

「メンヘラ」とは、感情のコントロールが
苦手で暴走してしまう人。
コンディションや状況次第で誰もがなり得る。

でも、そんな獣のような感情を
飼い慣らせるようになれば、
苦悩の闇は晴れてく。

「はいはいはいはいそれまさに私ですが！」
というあなた。
当然このまま進んでください。
「いや待って待って私そんな
メンヘラでもなくて」と戸惑うあなた。
ひとまず案内板だけでも見ていってください。

もっと
愛されたい

p232

元彼が
忘れられない

p96、p121、p132、p224

まわりから
浮いてしまう

p69、p132

不倫を
やめたい

p132

いつも
恋愛のことで
頭がいっぱい

p86、p90、p132

いつもイライラ
してしまう

p129、p217

いまの彼氏と
結婚すべき？

p217

嫌いな人の
ことが頭から
離れない

p136、p224

常に何かに
悩んでいる

p108、p185

何でも
ネガティブに
考えてしまう

p90、p185

カバンの中が
ぐちゃぐちゃ

p103

お悩み別！案内板

どのお悩み、解決したい？

気になるページ、のぞいてみてね！

やりたいことがわからない

p86、p121、p126

漠然と何者かになりたいと思っている

p80

自分を好きになりたい

p66、p108

決断が苦手

p80、p185

占いに依存してしまう

p80

承認欲求が強すぎる

p108

すぐ誰かに依存してしまう

p90、p132

婚活も仕事も
結果が出ない

p73

セックスレス
でつらい

p191

心を許せる
友達がいない

p69、p132、p209、p232

女子会が
苦手

p124、p136

遅刻や
ミスばかり
してしまう

p174

友達親子が
理解
できない

p136、p239

「変わってるね」
と特別扱い
されないと不安

p80、p90

SNSで
バズりたい

p90

自分だけ
ママ友ランチに
誘われない

p124、p209

夫に
イラつく

p191、p217

ダイエット
したい

p129

飽き性で
何も続かない

p103

家事が苦手

p166

貯金が
できない

p103、p166

メンヘラ気質を
サクッと
抑えたい

p33、p129

あの人、
メンヘラ
ホイホイ？

p29

脱メンヘラ
するには
どんな相手と
付き合うべき？

p200

転職したい
けど不安

p73、p132、p185

コミュ力が
ない

p54、p57、p73

私って
恋愛メンヘラ？

p23

著者年表

2003年 17歳：予備校講師との大失恋（P45）によりメンヘラが開花

2006年 20歳：最愛の元彼との大失恋（P66）によりメンヘラ脱出を決意
別人トレーニング（P66）、全裸トレーニング（P69）をスタート

2007年 21歳：現在の夫との出会い（P46）を機にメンヘラ脱出を本格的に決意
脱メンヘラトレーニング各種（P73〜113）をスタート

2010年 25歳：男女4人でルームシェア（P40）を行うことでメンヘラの抑制に成功

2012年 27歳：21歳のときに出会った夫と結婚

2016年 30歳：メンヘラ気質と一生付き合っていくことを決意する

2016年 33歳：cakesで「メンヘラ・ハッピー・ホーム」連載開始
悩まないセブンルール（P118）開発

2020年 34歳：メンヘラ気質とうまく付き合いながらハッピーリア充として過ごす

メンヘラ全盛期

すべての女子はメンヘラである　目次

1章　黒歴史　私は「メンヘラ」だった　ではありません

2章

実録

私の脱メンヘラ大作戦

導入編

3章

完全社外秘

脱メンヘラトレーニング

実践編

4章 永久保存版 22年間メンヘラだった私がたどりついた悩まないセブンルール

5章

最終回

メンヘラは悪口じゃなくて誇りだし、とっておきのハッピーになれます

はじめに――こうして私は「ハードメンヘラ」から「ハッピーリア充」になった

「メンヘラ」に悩むすべての女子たちへ

私は「メンヘラ」だった。

どのくらいメンヘラだったかというと、軽音楽部でボーカルで「いますぐ来て」が口癖で、彼氏に会えば「私のこと好き？　嫌いになった？　まだ好き？　ほんと？本当に？」を繰り返し、「毎日そばにいるから」と言われたいがために手首を切り、「不安にさせてごめん」が主食で、わざと吐き、わざと倒れ、激痩せし激太りし、物を投げ、折り、砕き、裸足で国道に飛び込んだり、授業中やバイト中も突発的に泣いたりするぐらいにはハードなメンヘラだった。

それはまるで、制御できない獰猛《どうもう》な野生動物が心に棲《す》みついているようで、自分で自分が手に負えなかった。

社会人になり、一見落ち着いてからも、それはたびたび暴れた。

怒りや悲しみなど、感情の津波に飲み込まれそうになる夜も多く、何に悩んでいるかわからないほど常に何かに悩み、頭の中はいつも散らかり放題だった。

だけど、いまどのくらいメンヘラじゃないかというと、**自分のことを「メンヘラでした！」と宣言できるほどに大卒業している**（これはメンヘラにとって、とても大きな進化のひとつ）。

いまの私はもう、誰かに依存しすぎたり、むやみに人を攻撃したり、ゲームのように相手を試して振り回したり、適当な元彼を呼び出したりしなくても、刺激的で楽しい毎日を過ごせるようになってしまった。

手首を切らなくても心を落ち着けられるようになってしまった。

苦悩を垂れ流す以外の方法で、夜通し笑って話せる友人ができてしまった。

一緒にいると自分のことを好きになれるような、好きな人を見つけてしまった。

もはや悩みがほぼない。

私はメンヘラを脱した。あんなにもメンヘラだったのに、脱した。

・・・「ハードメンヘラ」から「ハッピーリア充へ」

えそうなんだ、で、あなたそもそも誰？
という感じかと思うので、ここで自己紹介するね。

はじめまして、スイスイです。1985年、名古屋生まれの34歳。大学4年生頃までハードメンヘラとして過ごし、卒業後は上京しリクルートに入社。その後、コピーライターやCMプランナーを経て、コンテストをきっかけにエッセイストデビュー。現在に至ります。

プライベートでは、世界最大級に穏やかな大手広告代理店勤務の夫と結婚、男児二人を出産。現在は、幼稚園PTAのおたよりを作りながら書籍の執筆に勤《いそ》しむウルトラリア充人生を歩んでます。

（ちなみに「リア充」って死語感あるんだけど「今世私のリアル生活が充実することなどありえない」って絶望してた元メンヘラとしては「リア充」こそ最高進化の象徴なので、あえて使い続けます）

話を戻します。

この本では、そんなウルトラハッピーリア充になってしまった私が、現在に至るまでの、その具体的な脱メンヘラテヘペロ大作戦のワンダーアトラクション物語について振り返りつつ、そこから導き出した**「脱メンヘラするためのルール」**を徹底紹介します。

ひとまず読み終わるまでの1時間半くらい、信じてついてきてほしい。

性別問わず現役メンヘラのみなさんはもちろん、メンヘラの扱いに悩むメンヘラ関係者のみなさん。そして、ストレスや不安や孤独を抱え込みがちな、感じやすい、悩みやすいすべての人にも、どうか私の集大成を捧げたい。

さらに言えば。

私にとって、メンヘラだった過去自体は黒歴史なんかじゃなく、むしろ宝。

だってもし、もともと私がメンヘラじゃなかったら、やりたいことの半分も叶わないまま死んでたかも。メンヘラにしか司《つかさど》れないその力を活用してきたからこそ、こんなにもラブい自分を更新し続けてる経験もコネもないまま、やりたい仕事も環境も実現させてしまってる。そう断言できるからこそ、その方法も余すところなくお伝えしたい。

・・・「メンヘラ」は、応用次第で相当な力を発揮する。

もし、いまあなたが己のメンヘラに苦しんでいる場合でも、この本を読み終えた半年後には「メンヘラで良かったかも」くらい思えるように、私がちゃんとトレーニング詰め込んだから。ちゃんと読んで実践してね。

そして、もしあなたがメンヘラ本人ではなくメンヘラに悩まされてきたメンヘラ関係者の場合。この本を読めばメンヘラの謎が解明できるはず。きっとラクになれるよ。

さらには、メンヘラ本人でも関係者でもないのに、何かを期待してこの本を手に取ってくれたあなた。

あなたの悩みも、きっといい感じにほどいてみせるよ。だってこの本は、メンヘラの苦悩が晴れるくらいだから、メンヘラじゃない人も悩まなくなるからね。

それではついてきてね。『すべての女子はメンヘラである』始めます。

1章

黒歴史

私は「メンヘラ」だった

ではありません

当店のメンヘラ

カレーが飲み物なら、メンヘラは持ち物です

メニューはこちら

・・・メンヘラの単位とは!?

「脱メンヘラ！」を語る前に。

1章では「メンヘラ」の基本について畳み掛けておきたい。まずは恋愛面から。

突然だけど。

カレーハウスCoCo壱番屋で、カレーの辛さを1辛〜10辛まで選ぶように、メンヘラが飲食店で売っていたとしたら。そのメニューには、恋愛レベルを選ぶ単位として、1重《おも》〜10重という表記が採用され、単位は「重さ」になる。

どのくらいの重みの相手と付き合いたいかな?と自問したとき、いわゆる「空気のような存在」的な「軽い」1重を好むメンズもいるだろうし、逆に「重すぎて腰痛い

けど愛してる」くらいの「重め」を好むメンズも意外といるので、最初からこうしてレベルが指定できたらマッチングするのになあと常々思う。まあ一回メニューを見てほしい。

「お客様、こちらで重さをお選びください」

「えっと、はい」

パラッ……

1重：メールも電話もほぼしないでも平気。むしろ特定の恋人がいなくても良い。複数とも付き合えるし相手に他に恋人がいても大丈夫。

2重：生存確認レベルで毎日1回は連絡してくれたら安心かな。

3重：会えない日の恋しさを楽しめる。でも週1回は会いたいかな。

4重：毎日好きだよって言いたい。「僕もだよ」ってメールきたらそれで良い。

5重：毎日会いたい。「僕も毎日会いたい」って同じくらい求められないとアウト。

6重：自分が会いたいときに会えないと泣くかキレる。原宿レベルの大きな駅前で電話越しに1時間以上泣ける。相手から返信が来なくても、一方的に10通以上メールが送れる。

7重：手首に傷がある。

8重：相手の物を平気で壊せる。相手の友人か親など、二人の仲を心配する親しい第三者が登場する。

9重：二人の間に警察官か医者という登場人物が現れる。

10重：隔離される、もしくは逮捕される。

こんな感じ。

まあ実際はこんな狙い通りには選べず「え？ 僕が頼んだの4重ですよね？？ これ重すぎません？」って店員さんに聞いた頃には6重以上の悲劇開幕とかもメンヘラあるある。


でも、重みって冒険だ。悲劇ともかぎらなかったりする。

というのも6重以上のメンヘラ恋愛こそ、日々予想外のことが起こり未知の自分に出会えるアドベンチャーフェーズ。紙風船でキャッチボールするより、砲丸ガンガン投げ合ったほうがハラハラするじゃん（しない⁉）。なので私は、人生一度はあえてそんな6重超えの重量恋愛に、イッてほしいと思うのだ。

ちなみにちなみに。ハードメンヘラ当時の私は8.5重にチーズトッピングくらいで、だいたい彼氏は「重め希望」の人ばかりだった。

だけど一度だけ「あれは絶対2重くらいの軽め希望だったな」という相手と付き

合ったことがある。
彼は25歳の某スポーツ選手だった。湿り気のあるメンヘラ界とは真逆の、清く正しく爽やかな世界の王子系男子。

いま振り返れば、彼がこちらの重さを察知するたび逃げ腰になってたこともわかるのだけど、当時20歳だった私は猛進するしかなかった。
あろうことか3度目のデートでいい感じのシーンにおいて「何の前触れもなく手首の傷を見せながら泣き、過呼吸と不眠の話をしたあと、彼の部屋で自分のライブ映像を見せる」というメンヘラライントロでおもてなしした。

即、音信不通になった。

彼らはメンヘラという得体の知れないものの気配に気づくと、森の中で死んだフリをするか一目散に逃げる。

その上、熊よけの鈴をつけている。

「お願いだから関わりたくないよ、森のクマさん！！！！」

とその鈴の音を聞いたとき、意外かもしれないが、クマさん（メンヘラ）自身もサッと引く現象が発生する。

メンヘラがメンヘラを大爆発させて「別れたくない！　死ぬ！」というのは、あくまでも相手との「メンヘラ新喜劇」が成立するときのみ。

舞台を降りてしまう人との新喜劇は成り立たないことを、私たちも知っているのだ。

だから、当チェーンにお立ち寄りの際、軽めを注文したかったけど出て来たのが想像より重かった場合、それが楽しめる範囲を超えていた場合、まじで何事もなかったかのようにその場から立ち去ることをおすすめします。

それが、一瞬でも好きだと思った相手に対する最善のマナーかと。もちろん逃げ切れる保証はないし、クマさんって重さの割にかなり足速いけど。

ところで先日、某ＳＮＳで、前述のスポーツな元彼を発見しました。うっかり彼の写真に「いいね」を押してしまったのですが、次の日もう一度彼の名前を検索してみたら、あれ？　彼はどこにも表示されません。夢だったのでしょうか？

……ということで、歴代彼氏からは「偏愛」か「ブロック」の二択で処理されるメンヘラ。こんなに博打感あるのに「なぜか常に彼氏がいる！」という都市伝説があるのだ。

ではありません

私もびっくり

大解明

なぜ、メンヘラは常に彼氏がいるのか問題

メンヘラホイホイとは

事実、メンヘラには常に彼氏がいる。

私自身、初彼氏ができてから結婚するまでの約15年、彼氏がいなかった期間って合計3ヵ月くらいしかない。

だけどこれは決して「万人にモテる」ということではない。前述のスポーツ元彼のように、恋愛的には「メンヘラ無理」という人が大半だし、万人には全然モテない。

ただ、メンヘラは〝メンヘラを愛する特殊部隊〟のみに、超局地的にモテ倒す。

それぞ……「メンヘラホイホイ」。

メンヘラホイホイとは。

ひと言でいえばメンヘラとばかり付き合ってしまう人のこと。無意識の場合も多い。メンヘラのメンヘラたる獰猛部分もすべて受け入れ、愛し、守り抜く特異性を持つ。

しかもメンヘラって、一瞬会話をして相手の目と口を見ただけで本能的に、その彼がメンヘラホイホイかどうか見分けられる。さらにミラクルなことに、そんなメンヘラホイホイ「のみ」を愛しがち。つまりつまり、自分を求める相手に常に出会えてしまうのがメンヘラ。夢のメンヘラマッチングが多発するので、常に彼氏ができるのだ。

そしてあえて断言したいのだけど、一見被害者のようにも見える「メンヘラホイホイ」、実は彼ら自身も「まんざらではない」。

・・・すべてを受け入れてほしい女、すべてを受け入れたい男

彼女が手首を切って病院に担ぎ込まれても、携帯電話を折られても（昔は折れる構造だった）、翌日提出のレポートを燃やされても、灰皿を投げられても、真冬にキャミソールで泣きながら部屋から飛び出そうとする彼女をつかみ抱きしめ「大丈夫だか

ら」と安心させることも、その何もかもに対して「彼女には俺しかいない、彼女を救えるのは俺しかいない、かけがえのない俺乙」とか言って、まんざらではない！　のである。泣ける。

自分のすべてを受け入れてほしい女と、相手のすべてを受け入れたい男。完全に成り立つ需要と供給。この完璧な共依存の方程式によって、彼らは二人だけの世界で、どっぷりと愛し合うことができるのだ。

苦しいことも多いけど、当事者たちにとっては貴重なハッピーマッチング。こんなにも他人と共に濃密な愛を紡げるなんて、ほとんど奇跡でもあるから。

そんな愛すべきメンヘラホイホイ。メンヘラじゃないとなかなか見分けるのは難しいのだけど、彼らの簡単な見分け方を一部お伝えします（スイスイ周辺調べ）。

・・・メンヘラホイホイは「顔」でわかる

まず見た目で言うと、体薄め。細いとか背が低いというよりは体の幅薄め。さらには鎖骨出しめ。タートルネックとは相反する、ざっくり感のある服を好む。

中身で言うと、インドアめ。男友達少人数め。友達が少ないわけではなく、特定の最小限の友人のみと過ごすことが多い。あとは母親との距離近め。マザコンとは言わないけど、母親と親密で家族を大切にします。

ただし、これらはあくまでもメンヘラホイホイにありがちな特徴にすぎない。

「君こそ確実にメンヘラホイホイだ！」と見分ける最大の切り札、それは、彼らが初対面で女子と目を見て話すとき。

その女子の話をゆっくり聞いてあげながら、必ず「ん？」とアヒル口になるという特徴を持ちます。

ものすごく些細《ささい》な動きだけど、メンヘラ動物学的には重要なモーション。

メンヘラ女子の顔は猫っぽいことが多いので、街で猫とアヒルの組み合わせを見たらメンヘラカップル仮認定して温かく見守ってほしい。

恋の理化学

メンヘラ細胞はあります!

ラボラトリー

メンヘラ細胞の作り方

メンヘラ気質が恋愛において、相手次第でぐんぐん伸びたり縮んだりするということをお伝えしてきたけど、実は相手関係なく「環境」によっても変化する。

ここで突如、メンヘラ界の小保方さんこと私が断言するが、

メンヘラ細胞は……あります!!!!!!!!!!!!(絶叫)

あくまで私の個人的観測結果なんだけど「メンヘラ細胞」の発生条件は大きく二軸が存在する。それは、「時間」と「空間」。

その発生条件さえつかめば、再現実験は誰だって成功。世にメンヘラを大量発生さ

せられる禁断のノーベル賞案件。

【メンヘラ細胞の発生条件】

1.「時間」について

・・・まず、当事者とその恋人がクソ暇であること。

メンヘラ女子の大好物は「愛されている実感」である。

その指標としては、相手の男性が自分との恋愛において「何を得たか」なんてどうでも良く、**「何を失ったか」に萌える。**その最もわかりやすいものが「時間」である。

たとえば、彼にとって深夜の恒例行事だった「友人との麻雀時間」を失って連日私といてほしい。スノボに行くはずだった土日をすべてドタキャンして、永遠に私を愛《め》でてほしい（そして、できればドタキャンによって信頼も失ってほしい）。

私と会うことを優先しすぎて、単位落として留年してほしい。私に労力使いすぎてゲッソリしてると、なぜかうれしい。

そして「時間」だけでなく、「お金」や「体力」なども捧げてほしい。

つまり「24時間365日の全時間を君に差し出したい」「君を悲しませるすべてから守り切りたい」と思って待機しててくれるのが理想。

ということで、そんなセコムな人材でないとメンヘラホイホイは務まらないし、セコム力高いほどメンヘラ関係は濃くなる。暇が愛を煮詰めさせる。

2.「空間」について

・・・2人きりの密室が確保できること。

もしも、メンヘラ型恋愛の様子がマジックミラー越しに全世界配信されていたとしたら、きっと突っ込みどころ満載。

なぜ、この彼女は急に泣き出したのか。なぜ、この彼氏は悪くないのに謝っているのか。彼女は何度「もういい」を繰り返すのか。なぜ、いま女は彼氏の携帯電話をベランダに投げたのか。そして、それに対し、なぜ男は黙って、優しく、うなずいているのか！！！！！！！など。

シュールレアリズムが過ぎる。これはもうコントの域である。

だけど、**たいていのメンヘラ恋愛劇は、当事者たちからすればコメディではなくヒューマンドラマ扱い。**

なぜそうなるのかといえば単純で、リアルなメンヘラ恋愛の現場には、ツッコミを入れる第三者なんていないから。

私のメンヘラ全盛期もそうだった。いつも彼氏に対して感情的にわめいていたけど、その理由がひとつも思い出せない。**だってその頃一度だって、怒るべき、泣くべき、まっとうな理由なんてなかったのだから。**

支離滅裂なことで発狂しているにもかかわらず、その滑稽さに対して誰も突っ込んでくれないからその一連の喜劇に終わりがない……そして朝になる……というメンヘラルーティン。

つまりメンヘラの育成には、「第三者の目がない〝2人きりの世界〟」という密室が必須なのだ。

具体的には、男女どちらかが一人暮らしをしている。または頻繁にホテルに行く、移動手段は電車より車など、2人だけの密室空間があればあるほど、メンヘラ細胞はすくすくと育つ。

ちなみに「密室」に加えて、メンヘラ細胞の育成にとって、季節は夜が長い「冬」がベストであるし、できるだけカーテンを締め切り、日光に当たらないことも重要。逆光合成。闇が2人の鎖を強くさせる。

他にも色々な要素はあるけど、メンヘラとメンヘラホイホイカップルが両想いになっている前提において、ここまで挙げた物理的条件2つが揃えば、かなりの割合でメンヘラ細胞はすくすく繁殖するのである。

……ということは逆に言えば、「これらの発生条件を取り除けば、メンヘラ細胞の育成は難しくなる」という仮説が立てられる。

・・・「脇役マジック」でメンヘラ細胞を環境から抑制する

次章からとうとう「脱メンヘラ」のステップに進むけど、トレーニングなんてしたくない！　と抗う人のために、一旦ここでトライアル的脱メンヘラ法を伝授します。

メンヘラ細胞をサクッと「環境から抑える近道」だよ。

ただしこの方法は環境面からの対処法なので、細胞発生の根本解決にはなりません。一時的に抑制されたとしても、環境が戻れば元に戻ってしまうので、脱メンヘラする過程での補助、もしくは維持管理のための仕上げと思ってほしい。

それは「脇役マジック」。

〝彼氏&彼女〟、２人だけの世界に【脇役】を恣意的に介入させること。

これだけで、まるで手品のようにパッとメンヘラ細胞は変化する。

最もおすすめの方法は、第三者との「同居」である。

夫婦であれば、義両親との同居など。「第三者と一緒に暮らす」ということだったらメンバーは何でもいい。とにかく「夫や彼氏以外の第三者とプライベートを共にする」ということが重要。

私はいま一軒家で、夫の両親と半同居している。厳密には寒い季節だけ同居していて、その他の季節は、義両親は別の家に住んでいるので基本的には別居である。家は二階建てで、夫の両親は一階に、私たち夫婦と息子たちは二階に生活している。ただし、玄関も台所もお風呂もすべて共用のため、義両親とは一日に何度も顔を合わせることになる。

脱メンヘラした私でも、多くの妻にあるように夫に怒り爆発しそうな瞬間はある。ただし、どんな大噴火の際も、義両親が暮らす一階に下りたてば、一瞬でシュッと、その火は消火されてしまうのだ。

なぜなら、完全なる第三者（脇役）がそこにいるから。メンヘラは意外と、密室の外に出ると常識人だったりする。密室は着火材、第三者の目は火消し。このてきめんの効果には自分でも驚いた。

何度も私の炎は強制消火され、それを繰り返すうち、だんだん感情爆発の機会も減っていき「これこそメンヘラ細胞の抑制実験に有効すぎる！」とひらめいたのだった。

ルームシェアでもいい。

結婚する直前、いまの夫と付き合っていた頃に、約1年間、男女4人でルームシェアをしていたこともあった。そのときも、義両親同居と同じような火消し現象が起こった。

前述のように、あくまでも2人きりの世界でのみ本領発揮されるメンヘラ特有の重めの愛は、たとえ個室内で過ごしていても、リビングに他の住民の存在を感じれば、シュッとしぼんでしまう。友人と言えども、脇役の除菌力さすがである。

・・・実践！「脇役マジック」のコツ

ちなみに「物理的に同居やルームシェアは難しい」という方は、居住形態以外にも工夫ができるから大丈夫。

「脇役」というのは友達でも他人でも誰でもいい。デートは2人きりばかりでなく、たまに友達も交えて過ごす。移動は車という密室ではなく電車などの公共空間。おうちごはんより外食。個室よりカウンター。脱ウーバーイーツ！　絶対！

10代の頃の鬱蒼とした、終わりのないダラダラと愛し合う恋愛を振り返れば、確かにいつも、カーテンは閉じ、ろくに換気もされず、煙草の匂いなどで満ちていませんでしたか？　はい、それメンヘラ細胞の温床です。

ファブリーズでは除菌できない菌もある。日の光を当て、第三者の目線を通して、メンヘラ細胞を誘発する菌糸を殺菌し、思いっ切り換気をすること。

え、それなら換気もせず、あえて思い切りメンヘラ気質を育ててみたい？　わかる。湿度の高い思い出のほうが愛着湧くし、宝になることもあるよね。どう育てるかはおまかせします（ただし自己責任でね）。

2章

実録 私の脱メンヘラ大作戦

導入編

史上最強のメンヘラお祓い大作戦

実録！　メンヘラお祓い大作戦

私がメンヘラ全盛期だった頃、大学の寮で私の部屋に空き巣が入った。警官と共に部屋に足を踏み入れると、引き出しもぜんぶ開きっぱなし、物も服も散乱しまくり足の踏み場もない。その部屋を見た警察官が、カルテのようなものに「大変荒らされている」と書き込みながら「ひどい状態ですねえ」と言ったとき、私の隣に立っていたルームメイトのSちゃんがこう答えた。「え、この子の部屋、完全いつも通りです」と。

そう、私の部屋からは確かに一台のパソコンが盗まれていたが、それ以外はまじでいつも通りの荒れ模様だった。私の部屋は毎日毎日私により大変荒らされていた。だけど。当時私は「乱れは個性だが？」と開き直っている節があり部屋が汚いほど独創的だと思ってた。生活やメンタルのアンバランスを直す必要なんて感じたこともなかった。

私は自らのメンヘラ気質を才能と思い、あろうことか誇っていたのだ。

高校3年の春、通ってた予備校の講師に大失恋したときもそう。別れ話をされた直後、近くでたまたま路上ライブをしていたアカペラグループに「いま振られたので何か歌ってください！」と叫びスピッツのチェリーを歌われながら地べたに泣き崩れたり、彼の授業にわざわざ出席して目の前で泣いたり。当時、苦しみながらも「こんなにも恋に溺れられる私」まるごとを誇ってた節がある。

だけどもしもメンヘラが、自分の中の異常性に気づき、それを「直したい」と思うときが来たとしたら、その苦しみを伴う自覚症状こそメンヘラを追い出せる最大のターニングポイントだ。私の場合、夫に出会ったのが最大のそれだった。

……という長すぎる前置きを経て、はい、とうとうここから脱メンヘラ作戦。

ファーストステップに進む。

・・・メンヘラ脱出決意のきっかけ

夫の話に戻るけど、彼はいままで付き合った誰とも違う人だった。

私たちは就職活動の面接で出会ったのだけど、「あー、こういう人はちゃんとしたロングヘアの人と付き合うんだろうなー……」と絶望しながら彼を見上げたことを覚えている。

つまり、「こういう人は、メンヘラ気質の人間と付き合うタイプではないな」と予感したのだった。ただそれと同時に、私の第六感ははっきりと「これが最初で最後のチャンス絶対運命逃さない！」と言ってきたのである。

大事なことだからもう一回言う。

「これが最初で最後のチャンス絶対運命逃さない！」と。

その、広瀬香美感というか北川悦吏子感は、私の中で強く発光した。

さらに2人で過ごす中、決定的な感情が生まれた。

「もしも私の寿命が80歳だとしたら、少なくともあと60年くらいしか彼と一緒にいられない」という壮大な事実に悲しんでいる自分に気づいたのだった。

世界の中心でベストセラーになった後、映画化決定レベルの愛である。

だけど当時はメンヘラ真っ最中。付き合って1ヵ月半もすればメンヘラ臭が漏れ出し、エスカレーター式に感情があふれ出し、修羅場に潜行するという流れをたどることは目に見えていた。

「このままの自分でいたら、彼とは長くて2年も続かないだろう」と思った。

そのとき、初めて私は、メンヘラ沼からの脱出を決意する。

メンヘラお祓い大作戦が開始されたのだった。

・・・恋愛型メンヘラ症状、その発生と仕組み

何をどうしたらお祓いできるのかを考えるにあたり、まずは、私の中のメンヘラがどのようなタイミングやきっかけで発動しているのか、事件簿ごとに書き出すところから始めてみた。

私の場合は**恋愛型メンヘラ、つまり家族や友人ではなく、恋愛相手を中心に発生するメンヘラ症状である。**

恋愛においてひとたび「悲しい」だとか「寂しい」だとかの負の感情が発生すると、それは急激に高まり、とめどなくあふれ、自分自身も呑み込まれるような心のダム決壊事態に陥ってしまう。さらにはそれが癖になり常態化する、という流れだった。

ここでひとつの仮説が成立する。**恋愛に関する負の感情を一度も表に出さなければ、メンヘラ的症状は発生しない。**つまり、お祓い完了では？

それまでは、負の感情という火種が自分に表れると、ものの数秒で相手にすべての

感情を爆発させていた。導火線短すぎ。

それを防ぐために、恋愛において感情的にならない！ と決めた。無理かもしれないけど、1年間それを意識してみる。これは精神修行だと決意し、始めてみたのである。

・・・「遠距離恋愛」で感情爆発を防ぐ

幸運なことに、私たちは東京と名古屋の遠距離恋愛だった。

それはまさに「いますぐ会いたい、死ぬ、やばいと思ったところで会うのに新幹線のチケットを買っても2時間かかる距離」であり**「突発性いますぐ会いたい発作」を抑えるのにあまりに有効だった。**

過去の恋愛を振り返ってみて「自分が感情的になりやすい行動」は避けるようにした。相手の過去を根掘り葉掘り聞き出さない。携帯を見ない。尾行しない。深夜に電話しない。

それでもどうしても感情があふれそうになっても、その感情を相手に届けないように努めた。

つまり、**すぐに発信ボタンを押さない、意味なく句点だけのメールを送りつけない、そもそも携帯電話を近くに置かない。頻繁には会わない。**

さらには、感情の起伏を抑えるために念のため、付き合ってから1年間セックスしない（!）。

もしも、完璧な脱出ノウハウを期待する方々がいらっしゃったら申し訳ないのだけど、こうして振り返ってみても、ダイエットも語学も長続きしなかった私が、なぜこの1年間の修行だけ、完全にやり遂げられたかということは、いまでも完全に説明しきれないところがある。

ただその頃、大好きだった祖父が息を引き取ったのだが、生前、私に「いつも笑っていられるように過ごしてね」と言った言葉がずっと引っかかっていた。

この修行をやり遂げられなかったら、私はこの先もずっと同じことを繰り返し、「笑う」より「泣く」ことのほうが多くなりそうだと予感していた。

これがハッピーになるための最後のチャンス。この修行を投げ出したら一生メンヘラ。そう念じながら、何度かくじけそうになっても、遠距離という環境にも守られ、私はなんとか1年、感情の爆発を防いだ。

・・・メンヘラ脱出は一日にしてならず

その結果、彼はだまされた。

それと同時に、「**私もだまされた**」のだった。彼にではなく、私自身にである。

1年間のお祓い大作戦後、まるで憑《つ》いていた霊が外に出ていくように、私の中のメンヘラは「この人メンヘラの居場所じゃなかったのかも！」と言わんばかりにするりと、私から出て行ったのである。

ここで私は、生まれて初めて、メンヘラだった自分を客観視することができた。

その視界の開ける速度は異様で、虫眼鏡で見ていたような視界がザアアアッと広がり、宇宙から地球を見ているくらいに、ものすごく広大な視野で、自分のことを幽体離脱のように外から見てしまった。

「地球は青かった」ばりに、「私はメンヘラだった」と気づいた。

それまで私はもしかすると、自分自身とだけ恋愛をしていたのかもしれない。自分のことが冷静に見えて、初めて目の前の人をちゃんと見て、「その相手と」恋愛をしているという実感が持てた。それから、メンヘラを脱してみて初めて「ああ、私はこれまで、苦しかったなあ」と実感した。

メンヘラ脱出は一日にしてならず。お祓いには最低1年間費やす覚悟をしてください。

まずは自分のメンヘラ特性を把握した上で、丹念に徹底的に、発生する機会を減らしていき、脳ごとだますということに尽きる。

このまえ読んだ下半身ダイエットの本に「痩せてる人の脳を作ろう！」って書いてあったんだけど、それとほぼ同じかも。

自分の中の、原因を作っている流れを断ち切ること。

コンビニでお菓子を買ってしまいがちな人は、いつものコンビニを通らないルートで出勤してみるとか、何でもいいから一度、癖を作っている流れを断ち切る。

そうすればメンヘラも下半身デブも抜け出せる一歩になる。

ただし、慌ててはいけません。先に伝えたようにこれはファーストステップ。

脱メンヘラするための個人トレーニングは、3章で詳しくお伝えします。

・・・ さよならメンヘラ、こんにちはメンヘラ

現在、メンヘラお祓い大作戦開始から13年経った。

あの頃、私はメンヘラを「脱せる」ものだと思ってたし、ほとんど「脱せた」と本

気で思ってた。だけどこの4年、エッセイを書き自分のメンヘラ気質と対峙《たいじ》し続けてきたからこそ改めて思う。

「メンヘラは完全に脱するものではなく、ある程度は一生付き合っていくもの」なのかも、と。

それはB型の人が死ぬまでB型であることと同じく、完全には自分から切り離せないものだった。

ただ、この「お祓い」で明らかに、獰猛で悩ましいメンヘラ気質を鎮めることができたからこそ、私はメンヘラ特有の「力」を操れるようになっていったのだった。

それは社会人になって顕著に現れた。

・・・ リクルートで学んだ「ラブ力」と「ストーカー力」

メンヘラお祓いの後、私は新卒でリクルートに入った。

そこで知らぬ間に有効活用していたメンヘラ力が二つある。

「ラブカ」と「ストーカーカ」だ。

いきなりだけど、**リクルートとメンヘラは相性がいいと思う。**

同期に対する嫉妬心や、マーケットに対する壮大な使命感、チームに対する家族のような愛着を常に焚《た》き付けられるし、感情の爆発が推奨されている感じがある。うれしくても悔しくても、何年目でも、みんな本当によく泣く。

感情的で仕方なかった私が、自分のことを「実は、わりとクールなのかもしれん」と思ったくらいに、動物園みたいに騒がしかった。

●●● クライアントへの思いが爆発！「ラブカ」

そんなリクルートで最初に所属したのは、某フリーペーパーの「銀座チーム」だった。ここでできた人生初上司である先輩2人が、これでもかというほどの熱意を持って私を指導してくれた。

新人である私のことを毎日根気強く本気で怒り、ほめ、見守り続けてくれる先輩たちに、いつしか私はすさまじい忠誠心を持ち、先輩たちと共に担当する銀座という街に対しても、その街のフリーペーパーの読者に対しても、「ラブ力」という形ですさまじいラブを爆発させるようになる。そう、それまで歴代の彼氏たちに（屈折しながらも）愛をぶつけてきたように。

はじめ、一日20件もしなくてはならない飛び込み営業は苦痛でしかなかったのに、2ヵ月経った頃には、すべての営業先に入る前に「私があなたを幸せにします」というおまじない（呪いじゃない）を唱えてから入るようになっていた。

そうすると不思議なことに「私がこの営業先を受注したほうが、この人たちは幸せになる！　読者も幸せになる！」という思いが素直に爆発して、毎日汗だくで走り回るようになっていた（夢中が過ぎて、自転車立ちこぎのまま標識にぶつかったこともあった）。

好きな相手を思い駆け抜ける日々は幸せそのもので、いつの間にか飛び込みに対する苦痛なんて消えていた。1年目が終わる頃には、銀座チームのギネスを叩き出し、先輩2人と共に狂喜した。人前でうれしくて泣き崩れたのは、それが初めてだった。

恋愛で培ったラブ力を、見事仕事に大放出した例だった。

・・・すさまじい愛を表現する「ストーカー力」

ただ、やはり常にポジティブでウェイ！な性格に変身できるわけではなく、基本的に私はネガティブな挙動不審者だった。

営業先がお稽古教室から美容室に変わった2年目。「東京の美容師さん（！）」と「初対面で（！）」「直接話すなんて（！）」と名古屋コンプレックスも相まって恐怖を感じていた頃。第二の力を召喚することとなる。これぞ、ストーカー力である。

飛び込み先の美容師さんたちと対面で話すことを避けようとするあまり、私は**メンヘラとして大得意の「長文メール」と「長文お手紙」を多用するようになった。**

相手に伝えたい情報や感情は全部手紙に書き綴る。

それを、相手の行動を観察し待ち伏せして、手紙を読んでくれそうなタイミングを狙いポストにインする。同じ会社に一日5回突撃することもあったし、一度の手紙が

10枚にわたることもあった。

もともとメンヘラ時代に傷ついた量が半端なかった私は、あまり傷つくことが怖くなかったため、執念でメンヘラ的な営業をしまくることができた。

お手紙をポストインできない美容院に関しては、店外からガラス越しに紙芝居風に模造紙をめくって言いたいことを伝えたりもした。通報されなくて良かった。

そんなメンヘラ特有の、「ラブ力」と「ストーカー力」の合わせ技はまさか結果を出し、社内で何度か成果を表彰されたりもして、あっという間に過ぎ去った。

・・・メンヘラだけが持つすごい力「スピードバーン」

その猛烈な日々は、マリオカートに出てくる、踏むとスピードが超加速する矢印を通る瞬間に似ていた。私はそれを「スピードバーン」と呼んでるんだけど、メンヘラのラブ力とストーカー力はスピードバーンを自生するのだ。これが発生すると強い。

自分でも想像しないほどの集中力と勇気を獲得し走り続け、その後担当した各エリアで好成績を生み出し続けられた。

ちなみに、社内には私のほかにも「この人絶対元メンヘラだわ」という人は結構いたけど、みんな独自の方法で戦い、それぞれのスピードバーンを発生させていた。

ということで、メンヘラ気質を否定せず愛でてくれるリクルート、メンヘラホイホイ男子を法人化したらこうなる！　の真骨頂だと思うので、就職に悩むメンヘラ勢は軽く参考にしてみてね。

ここで、スピード狂タイプのメンヘラの人のために、「必要なタイミングで」「必要な方向に」スピードバーンを発生させるための仕事の基本、「ほう・れん・そう」ならぬ「かったあ」をお伝えするね。

か：「感覚より数字」

感覚や直感のみで仕事を進めがちなメンヘラ。少しでいいので数字や論理を「意識」するだけでだいぶ自分の脳内が整理されるし、相手にも伝わりやすくなる。意識的に理系脳を取り入れてみて。

っ：「突っ走るときは思い切り」

メンヘラ最大の武器は愛情を信じたときの爆発的なスピード。信じる人（クライアントや仕事）を見つけたら、ためらわずアクセルはベタ踏みしましょう。

た：「〝たられば〟は厳禁」

妄想癖が半端ないメンヘラは、もしも◯◯だったら成功したのに……などと思い始めると無駄に壮大なストーリーを作り上げてしまい、まったく先に進めなくなります。そういう妄想は徹底的に捨てる意識を持って。

あ：「愛情より結果」

メンヘラはどこかで「こんなにがんばったんだから」「こんなに思いを込めたんだから」という愛のプロセスを重視しがち。そんなんどうでも良くて結果がすべて。

以上、馬力のあるメンヘラは仕事において、「かったあ」を意識するだけで結果がだいぶ変わってくるよ。多少切り傷つくかもしれないけど、試してみてね。

3章

完全社外秘

脱メンヘラトレーニング

実践編

話は少し戻り、夫と出会う1年前の話をしたい。
それは私がまだハードメンヘラ全盛期だった頃。実はその時点でも、小さく脱メンヘラ作戦は始まっていたのだ。

20歳の初夏。大学3年になっていた私は、壮大な失恋をした。そのときの彼を今でも「ラスボスさん」と呼んでいる。
彼は、私がこれまで生きてきた中で最もメンヘラでいられた相手であり、別れて14年経ったいまでも最も引きずっている相手である。

どれだけ引きずっているかというと、旅館で自分の電話番号を記入するところに間違えて彼の番号を記入しそうになったり（暗記している）、SNSパトロールで彼の写真をスクショしすぎてカメラロールで目が合い叫んでしまったり、彼の恋人だと思う人のタイムライン眺めすぎて間違えて「いいね！」押して動揺して携帯投げちゃうくらいの引きずり方である。もちろんそんな想いは直接伝えたりできず、同窓会などで再会しても硬直か脱走してしまう14年。

交際期間はたった1年弱だった。
だけどその期間中は毎日欠かさず一緒に過ごし、メンヘラとしての全パフォーマンスをフルコースでぶちまけさせてもらった。

そんな彼に突然フラれてからは地獄だった。
まず、1ヵ月で10キロ近く痩せた。国道に飛び込もうとしてタクシーのヘッドライトで我に返ったこともあったし、夢遊病のように裸足で彼の実家まで向かおうとしていたこともあった。
眠れない深夜に、彼との思い出を振り返りながら街を徘徊し、6時間経っていたこともある。

そんな朦朧《もうろう》とした日々の果て。

「彼の好きなところ」を写経のごとく紙に書いて一日が終わろうとしたとき「ここは樹海では……？」と突然、思った。

いま、ここから抜け出さないと、このまま私はずっと、相手を傷つける恋愛をしては自分を傷つけて、それを繰り返したまま死ぬ……と気づいた。

そのとき初めて、自分のメンヘラ気質をなんとかしなくてはと思ったのだった。

こうして私は、脱メンヘラトレーニングの核となる2つのトレーニングを始めた。ちなみにこれ、時系列的には夫と出会う前から始めてることなんだけど、メンヘラトレーナー的視点で捉え直すと、これぞ継続すべきメインワークだったのでこの順番で紹介してる。メンヘラ関係に悩む人だけでなく、対人関係で闇に溺れがちな人全員の救命道具になってほしい。

基本トレーニング① 別人トレーニング

まず1つめ、シンプルである。

私は本気で、別人に生まれ変わろう！　と思った。

当時「不信のとき〜ウーマン・ウォーズ〜」（フジテレビ系・2006年）という不倫ドラマにハマっていて、その主演の米倉涼子の恋敵である松下由樹に憧れすぎていた。その役柄は、ざっくり言うと不倫をして妊娠するクラブのママ。

だけど、彼女は一人で生きていく覚悟を持ち、愛する石黒賢を「いらない」と吐き捨てた。その強く生きる様がすさまじく、私は簡単に感化され、こんなふうに聡明でたくましい松下由樹になる！　と明確なビジョンを持ち、主題歌のアン・ルイスを聴きまくり、そのためにいま、自分にどんなルールを課すべきか？　と真剣に考え、紙に書き出した。

【当時書き出したルール】

・ラスボスさんに連絡しない（無言電話も含む）
・ラスボスさんの携帯番号を消す
・復縁したいと言わない

・自宅に押しかけない（待ち伏せしない）
・尾行しない
・性に慎重になる

だいたいこのようなストーカー対策条例みたいなことを掲げ、私は徹底的にこのすべてを守り抜いた（残念ながらラスボスさんの携帯番号に関しては、34歳になったいまでも暗記してしまっているため意味なかったけど）。電話をかけそうになったり、真夜中、無意識のうちに彼の家に向かおうと自転車に乗りそうになったら「おいおいおーい！」と、一人ノリツッコミをした。


もしもこれらのルールがなかったら、私は何をしでかしていたかわからない。

結果、松下由樹にはなれなかったけど、私は変わり始めた。

その勢いのまま、今度は性格面だけでなく見た目的にも「あの子みたいになりたい」という相手を大学内で見つけては声をかけ、通っている美容院やよく行くセレクトショップを教わってそれを真似したりした。なりたい人間像をインストールしまくったのだ。

さらに表情や立ち振る舞いでも「こんな人になりたい」を増やして真似していったら……1年後、久々に会った友達に「別人じゃん！」と驚かれるほど変化してた。

自分の何かを変えたいと思ったとき**「理想的な人」を定め、そこにたどり着くために「真似すること」や「捨てること」を明確にし、行動を変えればある程度別人になれるとわかった。**これは、自己嫌悪に陥ったときなど、いまでもたまにやってる。

自分で自分の鬼プロデューサーになることが重要。

基本トレーニング② 全裸トレーニング

メンヘラは恋愛だけでなく、友人や仕事関係などコミュニケーション全般においてもある特徴を持つ。それは「自分をネタ化できない」である。

私を含む多くのメンヘラは、自分大好きなのにもかかわらず自信がなく、しかしプライドが高く、自意識過剰。自らの世界観が大切で、それを壊すものは受け入れられないし、人に笑わせる隙なんて与えない。要するにいじりにくいキャラなのである。

そんなメンヘラ気質を根本から変えるには、「超自然体」になる必要があると思った。「守るものなんて何もない今、いったん裸になろう」と決めた。

具体的に言うと、**プライドや虚栄心などすべて捨て去り、素の自分をさらけ出していこうと決意したのだった。**

たとえば高校生の頃、センター試験の本番中に、我慢できずに噴射してしまった自分のオナラの音量が大きすぎて、まわりもピクッとするほどで、それにより集中力が切れ混乱し、というか「いまのはオナラの音じゃなかったよー！」とごまかさなければ！　ということに集中しすぎて、椅子や机でオナラに似た音を出しまくり注意されまくり結果、歴史の科目を白紙で出してしまった話（マークシートなのに！）。

タンクトップから（乳の）トップが半日、露出していた話。恥ずかしい話だけでなく、仕事での大失敗や、自分の性格の悪さがもたらした裁判沙汰の話など、弱点や汚点、「話しにくい話」であればあるほど先に、積極的に、飲み会などで話すよう意識した。

この全裸トレーニングも、別人トレーニングと同様にいまでも続けているが、脱メンヘラ化に相当効いたと思っている。

意地や虚勢を張らなくなったら、コミュニケーションが楽になった。精神的バランスが取れ始め、恋人に依存することも減っていったのである。

おそらくメンヘラをこじらせていた頃は、自分の世界に恋人を引き込んで依存することで、心を保っていた。でも、非公開だった自分を全公開したら、からまった糸がスルスルとほどける感覚で、壁がなくなったのだった。

あの頃と比べるといま、うんと世界が広がってる。

井の中の蛙が大海で全海峡横断しまくってるような大変化。世界が広がると、まわりへの文句が減った。なぜなら「合わない相手やコミュニティは選ばない」という選択ができるようになったから。それにより、自分のことを好きでいられる心地よい世界を見つけられた。

だけど、いまだからこそ思う。メンヘラやメンヘラホイホイだらけで肩を寄せ合い自己嫌悪を煮詰め合ったあの狭い世界でしか、得られなかったものは大きい。自分で言うけど、負の感情を味わい抜いた人は優しさの幅が広い。つまり結局私はやっぱり、井戸で過ごした日々も愛しいのだ。

……とか言いつつ、あれを一生続けると心身ともにダウンしかねないので、気持ち切り替えてトレーニングに進みます。ここまで紹介した2つをベースのトレーニングとした上で、ここから紹介するトレーニングも取り入れてね。

脱メンヘラトレーニング 1

やり方を変える

高校の頃、まったく好きじゃない相手と2年付き合っていた。

「当時は彼のこと好きだと思っていたけど、いまにして思えば全然好きじゃなかった」とかいう若気の至りではなく、当時からリアルタイムに「まったく顔も見たくない、隣に並びたくない」と思っていた。

見た目も性格も発言もまったく好きじゃないその相手と付き合っていた理由は、処女を喪失したかったからと、彼氏がほしかったから。セックスしてみたら好きになる説が少女マンガには事例として多くあったため期待していたけど、何度しても好きにはならなかった。

クラスのみんなが巻いていたＦＥＮＤＩのマフラーを真似して身につけ、友人が彼氏にティファニーのアクセサリーをもらったという自慢を聞けば、自分も彼氏に買ってもらおうとした。

高校生の私の分別なんてそんなもんで、自分が何が好きかなんて全然わからなかった。

だけど嫌いなものははっきりわかった。私は彼氏が大嫌いだった。

生理が来ない！　と騒いでいるような女子高生が廊下に割といたんだけど、私も本気で妊娠したと思っていた夏があった（実際はしていなかった）。

高校生なんて素直だから、その好きじゃない彼氏に本気で「妊娠したかもしれない……」と相談したとき、嘘でも「いっしょに病院にいこう」や「大丈夫。一緒にこれからどうするか考えよう」などと言ってほしかったけど、彼のひと言めの言葉は「俺は完璧に避妊していたことにして」だった。

それまでも嫌いだったけど、そのとき「ああ、こいつ本当に嫌いだ」と思った。

・・・好きな人と、好きなことだけする！

付き合って2年経った頃、私が予備校で強烈な一目惚れをしたことにより、その不毛な交際はあっけなく幕を閉じたんだけど、その2年という交際関係から外に出てみて、私はそれまで自分がどれだけ苦しかったかに気づいた（たぶん相手も同じだった）。

そしてそのときから私は、「これからは好きな人と好きなことだけする！」と強く決めたのだった。

そのアツアツの決意が、もともと潜んでいたらしいメンヘラ細胞と出合い結合した結果、ひたすら恋のビッグウェーブに乗ろうとしては溺れまくっていたわけだけど、それは仕事に関しても似ていた。

当時の私は常に、時代の生んだ呪い「好きを仕事に！」も相まって、歌手になりたい！　日本語教師になる！　舞台女優になる！　と脳天気な願いを爆発させては、あれ？乗るべき波がこない……と落ち込んでいた。

結局、営業としてリクルートに就職したわけだけど、気づけば何も願いは叶っておらず、最初の勢いも落ち着き（メンヘラは飽きるのも早い）「こんなハズじゃなかった……」と不安を抱えていた頃。

史上最年少編集長になった、すべてを手に入れてる系イケメン上司のひと言が、あまりに衝撃で、目が覚めた。

・・・ 結果が出ないヤツは、やっていないか、やり方が間違っている

「結果が出ていないヤツは、やってないか、やり方が間違ってるか、どっちかだ」

いまなら「リクルートっぽいー！！！！！」と思って引くかもしれないんだけど、当時の私は彼のことが好きだったので素直に「それだ！」と思って、「はい、私はほとんどやってもいないしやり方も間違ってました、やります、やり方も変えます」とがらりと方向性を変えた。

具体的に、営業目標に到達する道筋だけを考えて行動するようになった。そして結果を出し、無事その上司にほめられた（やはりメンヘラの愛は勝つのだ）。

その後も「なんか結果が出ないな」と思うたび、私はその上司を頭に召喚して行動を見直してきた。それを続けていたら、自分を責める前に行動を変えられるように

なっていた。

・・・悪いのは自分ではなく、やり方である

たとえば。リクルートを辞めたあと「コピーライターになりたい！」と思い、正規ルートで応募しても全滅だったとき。

だんだん泣けてきたけど、早々に「やり方を変えよう！」と広告会社にまず事務職として潜り込んだ。そして、頼まれてないがコピーを書いては、書きましたアピールを繰り返し、1年後、名刺の肩書きがコピーライターになった。

その後「CMプランナーになりたい！」と思い宣伝会議の講座に通ったときも。「ここで巨匠に才能を見出されて引き抜かれるのでは……」とワクワクして出席し続けたが、そんなチャンスは巡ってこないとわかったとき、「ですよね！」と早めに気づきやり方を変えた。

CMのコンテストに応募したり、書いたコンテをCMの仕事をしてる人に見せて回って、結果プランナーになれた。

その後、エッセイストになりたい！　と思い、色々な出版社のお問い合わせ窓口に「どこにも連載したことないけどエッセイが書きたいです！」とメールを送ったけど全無視だったときも。もはや落ち込む前にそりゃそうかと気づき、やり方を変えた。noteで執筆を始めて、そこからcakesのコンテストに応募して連載が始まった。

思い通りに物事が進まないとき、それまでは自己嫌悪に苛《さいな》まれ「やっぱり私は成功しない運命……」とか本気で絶望してたけど「悪いのは私ではなくやり方である」と他の方法を試すようにしたら結果が出た。

ということで「あれ？　なんか結果出ないな？」と思ったら、私のイケメン上司貸すので頭に召喚してください。こちらの上司はアゴ髭付きの濃いめイケメンなんだけど、まあそこはお好みで。カスタマイズ上司に低い声で「結果が出ていないヤツは、やってないか、やり方が間違ってるか、どっちかだ」と叱咤《しった》されてエア恋してみて。

大事だから繰り返すけど、うまくいかないときに「悪い」のはあなた自身ではなくやり方。それを心に刻んでね。

脱メンヘラトレーニング
2

「死ぬまでにやりたいこと100」を書いて、「何者か」になる

メンヘラは、もともと「依存」の磁力が強めだと思う。放っておくとすぐ何かとくっつく。

だから恋愛で依存しなくなっても、気づけば他のものに依存しがち。

かつ「何者かになりたい」という欲が強めの人が多い。

それらが結合して吉と出るときもあるんだけど、自分にとって良いか悪いかも判断できないものに希望を託し、ズルズル依存し、苦悩に溺れることも多々である。

私の場合、それはスピリチュアルだった。

あれは20代中盤。イケメン上司のおかげで営業成績は良くなっていたものの、営業という仕事自体がそもそもやりたいことでも何でもなかったため、私は**「何者でもない自分」への焦りを最大に募らせていた。**

そんな折、友人に勧められた占い師からまんまと20万円の水晶を購入して「これですべてうまくいく！」と安心していた頃があった。そんなスピ依存と「何者かになりたい欲」から抜け出せたきっかけこそ、ここで紹介するワークである。

・・・100の願望を書き出してわかった本当の望み

その頃、大好きな友人が「死ぬまでにやりたいこと100」を突然書いて見せてくれて、その流れで私もすぐ書いた。

実際書いてみたらわかるんだけど、100書くのってかなり苦労する。上辺の願望だけでは埋まらず、自分が眠らせ続けたエゴのあふれる私欲までもかき集める作業。とはいえ「一気に終わらせないと一生書けないな」と予感した私は、すさまじい集中力で2時間ほどかけて100の願望を書き出してみた。

すると、驚くべきことがわかった。

それまでずっと漠然と「何者かになりたい」と思いながら何者にもなれない自分に

失望してきたのだけど。

私の理想とする「何者」が叶えうることとの約8割は「チヤホヤされたい」だったのだ。

たとえば「情熱大陸に出たい」「AERAに載りたい」などのメディア系チヤホヤに始まり、「元彼と仲直りしたい」「半年で4人に告白されたい」「くびれたい」などのモテ系チヤホヤ、「ギャルソンでここからここまで全部！　ってやりたい」「月70万円稼ぎたい」「思い立ったときにすぐ旅行に行ける貯金」などのお金系チヤホヤ。それ以外は、家族に関するほっこり系チヤホヤとか。

それまで私が漠然と願っていた「何者か」って、こういうことだったんだ……と初めて全貌が見えた。と同時に、びっしり並ぶ100項目を見て、さらに重大なことに気づく。

「これ全部叶えるなんて……全然時間ないわ」と。

・・・やりたいことを分解して直視したら、やるべきことがわかった

そうそう、占い師に指示された通りに4つの水晶の間に立ってね、張られた結界の中で発せられるこの圧倒的なパワーでエネルギーが満ちてきてね、「小顔になる」も「自然に外国人とハイタッチ」も「揚げ物できる」も勝手に水晶がね、全部叶えて……くれ……ないわな！ と。

何者かになるための「やりたいこと」を分解して直視したら、他力本願でなんていられなくなったのだ。

結界で待機してなどいられない。本気で100の願望を叶えたいならPDCAを回しまくるしかない。そうしないと一生何も叶わない。一生「何者かになりたい」と願い続けて終わると気づいた。

そうして私は水晶を封印した。もしも、あの水晶を持ち続けていたら、水晶パワーでたくさんの良いことが起きたかもしれない。だけど私はやっぱり、二度とあれに頼

る気はない。

なぜかというと、もし万が一、パーフェクト水晶パワーのおかげでいいエッセイがかけて、くびれて小顔になって、唐揚げを自分で作れて4人に告白されて、映画監督になって、本も出せて、元彼と仲直りできて、『装苑』にも『ＡＥＲＡ』にも載って、体重も46キロ台になったら。

なんかもう、それって自分の力ではなく水晶の力、というか占い師の手柄になってしまう感がある。それは許しがたい。


「私は自分の手柄で欲を満たしたい」と強く感じた。


ちなみに、初めての「死ぬまでにやりたいこと１００」を書いてから、もう8年近く経ってる。46キロになり、唐揚げが揚げられるようになり、『ＡＥＲＡ』にも『装苑』にも載って、そしてこの初書籍の作成に取り組んでいる現在の私。あのとき１００書いてなかったら、何ひとつ叶ってなかった気がする。

そして、一度自分の描く「何者か」になってしまった私はそれ以来「何者かになりたい」というあの呪いみたいな願望から完全に逃れることができた。

「何者かになりたい」から解放されるためには「何者かになってしまう」のが一番の近道と知った。

ということでみなさん。どうかこれを読んでから絶対3日以内にやりたいことを100個書いてね（3日以内に書けない人は一生書けないと思う）。

そうすると、自分の描くこれからの理想人生に「何が必要で不必要か」ジャッジしやすくなるし、不要な依存も断ちやすくなるよ。

ただ、いざやりたいことを書き出そうと思っても、「やりたいことがわかんない」という人が多いと思う。特に、「恋愛以外のやりたいことがわからない」は、メンヘラには少なくないのでは。

かつての私もそうだった。特に、20歳前後は「これがやりたい！」とか思い込もうとしても、結局、恋愛感情に負けるんだよね。あの感情、まじどんだけ強いの。

なのだけど……なんと私は数年前に初めて、恋愛レベルに大夢中になれることを見つけてしまいました。抜け駆けごめん。

それがエッセイを書くことだったのだけど、ここに至った過程がある荒業トレーニングに応用できると気づいたのです。

結論から言うと、ほんの些細なことでもすべて、「なんとなくしてる行動」を断ってみること。まるでファスティング（断食）。

これを思いがけず約2ヵ月してみたことで、勝手にやりたいことが発見されたのでした。

その夏、私は第2子妊娠中でつわり真っ只中だった。さらには長男が1歳半。体調不良の中、わがままざかりの子どもに振り回されるだけで一日が終わり、夜中になんとか仕事をしようとするも全然できない、という謎に苦悩詰め放題のビニール袋パンパンな日々でした。

食べたいものが食べられない、行きたい場所に行けない、見たい映画が見れない、眠りたいときに眠れない、吐きたいときに吐けない。ないないづくしの極み。

そうして図らずも「行動ファスティング」を2ヵ月していたら。

猛烈に思わぬ副作用「ああああこれがやりたい……！」という強い感情が突如、湧いてきたのだった。

それまでまったくエッセイを書いたこともなかったのに、初めて心の底からいきなり「何か文章を書きたい！」と思ったのだった。

そして、つわりが落ち着いた瞬間から、いてもたってもいられなくなり、寝る間も惜しみｎｏｔｅにエッセイを書きまくり、そしてちょうどコンテストが始まり受賞してデビューとなったのだ（いい話すぎてごめん）。

・・・「なんとなく」をやめると、本当にやりたいことがわかる

たとえば興味がないサイトをダラダラと見たり、したいことがなくてゲームをしたり、なんとなく元彼に連絡してみたり。

そういう**中途半端な行動をすべて断ってみることで、「欲求が正常化される」のではないか。**まるでリアル断食で味覚がリセットされ、正常化されるように。

だから私は突如、心の底からしたいことを見つけられたのではないかって、振り返ると思える。

実際、そのあとも何度か「なんとなく暇なときに見てしまうアプリを全部消す」と

いうファスティングをしてみると、普段考えないようなことを考えられたり、思いがけない場所に出かけたり、新しい発見がたくさんあった。

たとえばなんとなく「怠惰」と感じてる行動があるならそれを3日くらい断ってみたり、スマホを1週間封印してみたり、仕事1週間休んでみたり。そんな行動ファスティングをして、なんならリアル断食もやって、腸も舌も脳も思考もすべて正常化してみてほしい。

その結果、一番したいことが恋愛だったら、それはもう最高だけどね。

脱メンヘラトレーニング 4

メンヘラ気質を資源にする

大学生の頃……飲み会であえて許容量より飲みすぎたり、ビッチになりすぎたり、急にバイト辞めてみたり、先輩に理不尽なケンカ売ってみたり。好みでもないのに髪にシルバーのメッシュ入れてみたり、できるだけ突飛な行動に走ろうと必死だった。

いま振り返ると、あれは「普通コンプレックス」の反動だったなあと思う。

恋愛のことだけで頭がいっぱいの自分は普通の女子大生でしかなくて、それが悔しくて、どうにか特別になりたかった。

そうすればするほど、常に心の奥底で、自分の才能のなさが感じられて絶望してた。

そんな日々から15年近く経ちすっかりアラサーどころかもう少しでアラフォー。急に気づいたことがあります（遅い）。

あの頃、毎日眺めてたガラケーの画面から飛び出て、肩をつかんで私に伝えたい。

「そこまで恋愛に夢中になれるって、それこそ特殊才能だよ⁉」と。

あの頃は、誰もが一度は恋に溺れるものだと思ってた。

でも振り返ると、我々メンヘラの溺れ方は尋常ではなかった。

・・・徹夜明けでも、風邪でも、大雪でも、一日20時間でも……

徹夜明けでも風邪でも大雪でも一日20時間でも200日連続でも（実話）彼と抱き合っていたかった、あの頃の無限に湧き出る恋愛感情は、観光地化してもおかしくないほどの巨大な泉だった。

もしかしてあの日々って、大半の人が経験した「恋愛」よりも、うんと濃密で深遠で過酷で激甘だったのでは？　と急に気づいた。

そう思うと、たしかにあれほど恋愛依存していなかったら生まれなかった気持ち、しなかった行動、得た教訓が遺産として、私の中に残っている。

たとえばいま、彼氏に依存しすぎて悩んでるメンヘラ読者もいると思う。だけどね。そもそも「彼氏が生活のすべて！　彼氏に会えるなら仕事行かない！」とか思えるほどの相手と出会い交際しているとしたら、それって類まれなるミラクルだと思うのだ。

相手への信頼、感受性の豊かさ、好きな人に愛される魅力、そして何より好きな人を愛する力。あらゆる能力の集結でそのミラクルは成り立ってる。

現状そういう種目が現在のオリンピックにないだけで、あったらなんらかのメダル狙える。

前置き長くなったけど……ここまで「メンヘラ気質を飼い慣らす」トレーニングを紹介してきたわけだけど、「あえて野放しですくすく育てたほうが得」という部分もあると思うんですよ。しかもこれ恋愛だけじゃない。

メンヘラそれぞれが抱える、一見「厄介」な性質って、実は才能だったりするのだ。

・・・ メンヘラは才能である

たとえば、

・恋愛体質の才能
・ネットストーカーとしての才能
・依存才能
・ネガティブすぎる才能

とかとか。メンヘラならではの特殊才能、これ以外にもきっと各々いろいろ持ってるよね。

で、一度考えてみてほしい。たとえば「恋愛体質」に関して、これをなぜ「厄介」だとネガティブに捉え、自己嫌悪の対象にしがちなのかというと、「それに夢中になっても特に価値を生まなそうだから」だと思うのだ。これはギャンブルや不倫に夢中な人をうらやましく思わないのと同じで、価値より損失が多そうだから。

一方で、夢中になる対象として「ヨガ」なら痩せそう。「登山」は仲間ができそう。「ワイン」はまわりから一目置かれそう。「語学」は生涯年収上がりそう！　とかポジティブに思うよね。つまり価値がありそうな夢中はうらやましいもの。

ということは、「恋愛依存」な日々にも「価値」が見出せれば、自己嫌悪が減るどころか新しい才能として昇華できて自信につながると思うのだ。

たとえば。セックスしまくって、効果的に痩せる体位を研究する。彼氏への思いをすべて川柳コンクールに投稿する。彼氏との日常を配信して稼ぐ。あと、彼氏とずっとラブラブでいたい、ハゲてほしくないなどの思いを利用して、頭皮マッサージの勉強をする。

……などなど、恋愛の熱量を未来のお金に変える方法って結構ありそう。

他に挙げた例も同じ。ネットストーカーの才能を活かして好きなアイドル研究を究めて発表して、お金に変えられるかもしれないし、依存してきた食べ物や相手との実話をエッセイや小説という作品に変換できるかもしれない。

ネガティブすぎる才能があるなら、同じくネガティブな人の気持ちに寄り添いやすいかもしれなくて、カウンセリングやコーチングの資格を取ってその性質を仕事に活かすのもいいかも。

なんにせよ「自己嫌悪するほどのメンヘラ特性」って、特殊才能である。

それをはっきりと認めて、その方面のプロとして開き直り、ｎｏｔｅにその経験を綴ったりすれば、それだけで価値になる。

メンヘラ特性って最高にｎｏｔｅ映えだからね。ということで、自分のメンヘラ特性を書き出して、何かに活かせないかという方向性でも、自分を一度探ってみてほしい。

脱メンヘラトレーニング

5

大失恋をボーナスに

突然だけど、「本気の失恋」って全治3ヵ月の交通事故だと思う。
特に、感受性が高く恋愛に重きを置くメンヘラにとってはそれ以上のダメージにもなりうる。そんな大変な状態の中、そもそも生きてるだけで偉いのだけど……。

実は、失恋って、向き合い方次第でボーナスステージになる。

ここまで脱メンヘラトレーニングとか色々書いてきたけど、私を何よりも変えた根本の出来事ってやはり大失恋だった。
当時は苦しくて苦しくて本気で死にたかったけど、いまだからこそ失恋に大感謝してるのだ。

まず、大失恋したときの感覚って出産したての感覚に似てる。

何が一緒かというと「壮絶に痛い」「まるで世界が違って見える」「感性が敏感すぎる」というところが完全一致。

そんな「失恋ハイ」のときって、生まれたての我が子レベルで元彼という〝たった一人〟のことで頭いっぱい。それ以外に関して相当どうでもよくなっており、これって言い換えるとかなり怖いもの知らず。

この特殊期間において、復縁への迷い道だけに邁進《まいしん》することだってできるけど……新しい方角に、見たこともない威力で進めば、無敵のアタックチャンスになるんですよ。

ここで、私が経験した2度の失恋ハイに関して、その大きな違いを振り返るね。

「失恋ハイ」は無敵のアタックチャンス

①高校3年の春に起きた失恋ハイの場合

このとき私はそのパワーを「悲しみに酔うこと」だけに費やしてた。具体的には、高校でも予備校でもバイト先でも、友人や先生や店長を何時間も拘束し、悲しみを延々披露し続けた。

それで慰めてもらったりアドバイスをもらったりし続けたけど、それらの行動はより深く悲しみに浸ることにしかつながらず、結局、またすぐ次の恋愛でも同じ理由で振られた。これは失恋ハイを、ボーナスステージに昇華できなかった事例。

②大学3年に起きた失恋ハイの場合

一方、この章ですでにさんざん書いてきたが、ラスボスさんに振られたあの失恋は違った。前回の失恋と同じく、初めは友人に悲しみを吐露し続けたものの「新しい自分になろう!」と動き出した。

とにかく予定を詰め込み、経験したことのないバイトや旅行先も開拓しまくった。
それまでの私は、これぞメンヘラあるあるなのだけど、自らの世界観に反するものをなかなか取り入れられないところがあった。

たとえば明るい色の服を着れないとか、リア充大学生たちとのキャンプに行けないとか、あとは自分が尊敬してきた人が推してない音楽や映画は認められないとか。だけど、特大の失恋から受けたダメージって本当にすさまじく、プライドもこだわりも一回全部死んでる感覚。

彼のこと以外、ほとんどどうでもいい。だから不思議なほど新しい経験を取り入れられたし、たくさん冒険的なことができた。

「絶望ハイ」も一歩踏み出す最強のチャンス

これは恋愛だけじゃなく、友人に裏切られたとか、仕事でショックなことがあったとか、「絶望ハイ」なときも同じだと思う。

つらいという気持ちの中だからこそ、その絶望ハイの勢いを活かし、ずっとやりたかったスペイン語教室に行くとか。ボルダリング、アフリカ旅行、マッチングアプリ、ずっと転職したかった会社に履歴書を送ってみる、とかとか。

「いまならこれ以上傷つくことなんてない」と思えるどん底のときだからこそ、踏み出せなかった方面へ駆け出すチャンスでもあると捉えて行動してみてほしい。

ただし。念のため繰り返すけど、そういう場合の心は重体。自分に甘く、優しく、徹底してご自愛生活を送る前提でチャレンジしてほしい。

さらにここ大事なんだけど、「悲しみ」っていうのは無理に排除しようとせず、うまく付き合って、自分の日常となじませていくイメージを持つのがいい。

これは私が生きてきた中で超個人的に培った法則なのだけど、3と7の付くタイミングが悲しみがなじんでくる目安だと思う。

・・・ 悲しみと日常をなじませる「3」と「7」の法則

3日、7日、3ヵ月、7ヵ月。私の経験上、この各目安を越えると、なじみステイタスが一段階上がる気がする。これもちろん占いみたいなもので根拠はないんだけど、このペースをつかめたことで私自身はかなり楽になれた。一応並べとくね。

・3日まで（絶対安静期）

絶対安静。予定を入れない。仕事は即休む。運転しない。入院してるようなものだと考える。ただし3日過ぎると、意外なほどになじんでいる場合が多い。

・7日まで（不安定期）

7日過ぎるまでは心が暴走しがち。夜更かしは暴走の元なので必ず20時に寝る。感情を誰かにぶつけそうになったら一旦寝る。この期間に大きな決断はしない。

・3ヵ月まで（超非常事態期）

自分に甘く過ごす。仕事がんばりすぎない、夜にアイスも何でも食べていい、服買いすぎていいなど。

・7ヵ月（要注意期）

ここまでの期間は、自分の心をより注意深く見つめる。

少しでも自分の手に負えなさを感じたら、すぐに休んだり病院に行く。ここを境に通常営業を目指す。7ヵ月経過祝いに旅行に行くのもいい。

これ以降は経過観察期として、通常の生活を過ごしながらなじませる期間。あまりに深い悲しみは、ここからさらにプラス「3年・7年」様子をみてほしい。そうして、それぞれの節目を越えるたびに「ああ少しずつなじんでいるな」と前進を感じられると思う。

ということで、あくまで無理をせず、超ウルトラ閃光マシンガン脱皮フィーバー伝説なボーナスステージ手に入れよう。ああ失恋したくなってきたな。

脱メンヘラトレーニング 6

マジックミラー号に生きる

連載でお悩み相談に答える中、こんな感じの質問を受けたことがある。
「メンヘラと付き合いたいです。相手がメンヘラかどうか見分ける方法はありますか」というもの。
まあこれは色々あるけど……たとえば100人くらいの女性がいて、彼女たちをメンヘラ気質がある人とない人に分類しようとする場合、もっとも早く、かつできるだけ正確に分ける方法はこれ。

「カバンの中を見ること」です。

メンヘラは、確実に整理整頓が苦手。

逆に言うと部屋やカバンの中を整理できる人は、頭の中の整理も得意なのでメンヘラ的な脳内カオスは起きにくい。で、例に漏れず私もすさまじく整理整頓が苦手である。一人暮らしのときの部屋は、基本足の踏み場がなかったし、いまでも必要なければ片付けたくない。財布の中はレシートや謎のポイントカードで膨れているし、カンの底からは小銭や使用済みのティッシュとかが出てくる。

そんなふうに生きてきた私だけど、夫がわりと整理整頓フェチだ。

彼は結婚前から、私の整理整頓能力のなさを知っていたはずだったのだけど、結婚後、2年に一回くらいのペースで、あまりにも片付けができない私に爆発しそうになっていた（実際、彼の性格的にそこまでの爆発はしないのだけど、彼にしてはめずらしく心を乱すほどだった）。

●●● 片付けが苦手なメンヘラにおすすめの「インスタ療法」

私自身「片付けをしよう」という意識はあるものの、どうしても「散らかっていることが生活の上で不快ではない」という感覚の持ち主なので、自発的に片付けをし続けることができずにいた。だけど夫に不快感を持ち続けられたくはない……と悩んでいたとき、友人がまさかのアドバイスをくれたのだ。それは「インスタ療法」だった。

日記や家計簿もなかなか続かない私が当時、唯一習慣化していたことは「インスタグラムを毎日大量に更新すること」だった。そして私はなんとこれまで、インスタに映るごく狭い範囲だけは、無意識のうちに片付けていたのだった。

これを利用し、インスタに映す部屋の範囲を広げれば、もっと広く片付けられるのでは？　という神提案をもらった。


いや、そんなのうまくいくはずない……と半信半疑で始めたら、これが見事に大ヒット。

というのもですよ。メンヘラ細胞のページ（P33参照）でも触れたけど、メンヘラってパブリックゾーンでは「人からよく見られたい」という虚栄心が発動し、ちゃんとしていられるんだよね。

「プライベートゾーン」では人間関係でも衛生面でも「汚物」大放出なのに。

そうして私は嘘みたいに、インスタのために布団を畳み、引き出しを閉め、掃除機をかけた。

しかもね。なんとカバン自体を、スケルトンのものに変えてパブリック化した。

そうしたらもう、否が応でも使用済みティッシュなんて入れておけない。

これ伝わるかわかんないんだけど、「マジックミラー号」での生活じゃん……と思った（※マジックミラー号とは、ざっくり言うとAVに出てくる、実は中からは外が丸見えのトラックのことです）。

・・・マジックミラー号生活を続けた結果…

メンヘラっぽいカオスみを強制的に整頓したくなったら、**徹底的にパブリック化したらいい。**

あと、ここからは個人差あるけど、私の場合「どこに何を片付けるか決められれば片付けられる」「大事なものは大切にできる」という2つの特性を持つことに気づいたので、夫に片付けルールを決めてもらうこと、あとは大事な服以外捨てる、ということを徹底したら、現在見事、常に家の中がまったく散らからないという境地にたどり着いた。

あと余談ですが。さっき「家計簿も日記も続かなかった」と書いたけど、なんとそれもパブリック化により継続できるようになった。

そもそも私、多くのメンヘラと同じく貯金が全然できないんですけど、これまでは何にいくら使ったかなどから目を背けてきた。だけどある日貯金がしたい！と思い、夫に相談し、お互いにクレジットカードの利用状況を開示しあい、レシートを撮影するアプリなどで日々の利用額を可視化しあうようにしてみたら、家計簿として続いたし、ものすごい節約になった。

日記に関してもｎｏｔｅで有料マガジンという公に向けた形で始めたことで、もう1年近く続いている。「何事も継続しない」という悩みは、自分なりに続けやすい「仕組み」を探し取り入れることで解決できるとわかった。

ということでかなり話は戻るけど、メンヘラと付き合いたかったらコンサート会場の入り口で来場者のカバンの中身を見るあの仕事をしたらいいと思います。

脱メンヘラ
トレーニング
7

解決癖をつける

あえて断言するんだけど、この世には、悩みを解決する気がある人とない人がいる。

解決する気がある人はｉｐｈｏｎｅで起動中のアプリをスチャッスチャッとスワイプで消していくみたいに、悩みタスクを溜め込まないで、随時解決し捨てていく人。

一方、解決する気がない人は、悩みを悩みのままいじくり続ける。

それぞ、愛煙家ならぬ「愛悩家《あいのう》」。

やめたほうがいいとわかっていながら、そうして溜め込んだ悩みを嗜《たしな》んで、いつのまにか常に悩み、暇さえあればプカプカ悩んでしまう。愛悩家、それはなんだかんだその状態が好きな人。

たとえば「旦那いつも帰り遅すぎ最悪、ほんと結婚するんじゃなかったー」と言うものの、話し合いや離婚で解決する気はなく「たいへんだねー」と言われたいだけの人。あるいは「いまの部署つらすぎ最悪」と言いながら異動や交渉は考えもせず「わかるー」と言ってほしいだけの人。時間の億万長者なのかな。

私は、このような愛悩家とは関わりたくない派である。

一人で悩むなら全然いいが、他人を巻き込んだ「解決する気のない悩み相談」ほど不毛なものはない。それは1単語も覚える気がない生徒に教える英会話。1デシベルも先輩のアドバイス聞きたくない後輩への新人教育。

本線からどんどんズレるけど、提案なんですけど、愛悩家には喫煙室さながら喫悩室を作ってほしい。そしてそこでのみ、解決する気のない愚痴自慢し合ってモクモクため息ついててほしい。

・・・愛悩家は承認欲求が足りてない

ただ、そう言いながらも私は彼らを見放せない。なぜなら、かつて私こそ愛悩家だったから。その喫悩室の不快さも、そこから脱出した快適さも知っている。

ということで、もし愛悩家を自覚した上で、脱したい人がいたら、ここから先の内容を捧げたい。何よりかつての私にいますぐ読ませたい。

まず、愛悩家を脱するには「解決癖」をつけるしかない。一度悩みがなくなる状態をつくると、こんなにも心は軽いんだ……と実感できる。

その状態になったら二度と戻りたくなくなると思うよ（それでも戻りたかったらその時点で戻って）。

ではどう解決癖をつけるか。

それにはまず、自分の真の「悩み」が何なのかを把握することが必要である。

私がよくやるのは「いま目の前に、何でも願いを叶えてくれる龍が現れたとしたら、何をお願いする？」と考えること。

そこで思いついた3つを書いてみる。そしてその願望と現実とで、何が乖離《かいり》しているかを書き出す。その乖離こそが、いまの「悩み」の源だと思う。

で、その乖離を埋める方法こそが、悩みの解決手段になると思う。

愛悩家は、プライドが高く、言い訳が多く、素直な「願い」を認めることに躊躇《ちゅうちょ》しがち。なぜなら、願いを認めることは現状を否定することにつながるから。

こういう人は、やりたいこと100でも思い切ったことを書けない。

だけど「絶対何でも叶う」という前提で考えてみると、意外と素直に書けるからやってみてほしい。真の願いを自分で認めるだけで、第一歩進んでる。

さらに。愛悩家は、承認が足りていない人でもあると思う。

愚痴って、ほとんど「ほめられたい」に翻訳できる。普段の家事をどれだけがんばってもほめてもらえない。ＰＴＡ一生懸命しても誰にも認めてもらえない。新しい部署で自分なりに最大級努力と行動をしているのに評価してもらえない……とか。

そういう承認枯渇状況において、愚痴は生まれやすい。

それを解決するためには、シンプルに「承認される機会」を自発的に作るのがベスト。

・・・仕事じゃなくていい、お金にならなくてもいい

それは仕事じゃなくてもいい。お金にならなくてもいい。

たとえば裁縫が得意な人なら、ハンドメイドの子どもの幼稚園グッズをネットにあげて反応を見てみるとか。

営業成績は良くないけど、パワポ作るのだけめちゃくちゃ好きなら、それをＴｗｉｔｔｅｒに載せてみるとか。絵や文章でももちろん良い。

自分自身で得意だと認識していないことでも、たとえば手作りお弁当を毎日載せたら、それに助けられたり感動する人がいるかもしれない。それと、子育てなどの理由でしばらく働いていない人なら、週数時間のバイトでもいいから、自分で働いてお金を得るだけで承認につながったりもする。

「承認欲求が強い」という言葉は良くない意味で使われることもあるけど、**承認欲求があるのはあたりまえのことだ。**それを自ら前向きに満たしにいくって、健全で賢い。

むしろ、それをしないでむやみに身内に当たったりするほうがよっぽど残念。

私自身、機嫌良く過ごすためにも常に承認をチャージすることは意識していて、いまだにｎｏｔｅのコンテストとか応募し続けてるし、ＳＮＳだって承認のためにやってる。

あとは、ほめてくれそうな人に自分の作品のリンク送ったり、夫や友人に「私こんなことした！　ほめて！」って自分から言ってる。ほめ回収に余念がないよ。

ということで。どうか一度、悩ましいことをすべてスチャスチャ解決しまくった、視界良好フェーズを体感してみてね。次の章からは、それをどうキープしていくかを突き詰めていくよ。

4章

永久保存版

22年間メンヘラだった私がたどりついた悩まないセブンルール

大流出

連載でお悩み相談が始まって3年半。届いた相談数は予想の約500倍（！）でした。そのどれも、メンヘラというジャンルの深さを思い知る、切実な内容ばかり。そんな悩みに毎週向き合う中、悩みの解決方法には共通点があることに気づいてしまった。

しかもその気づきにより個人的にも大発見と進化を繰り返した私は、とうとうメンヘラに効果的な悩まない方法にたどり着いたのだ。

ということでここからは、我々がもう**悩まないためのメンヘラ完全社外秘な重要レポート**。うっかり大流出したいと思う。

● メンヘラが悩まないためのセブンルール

1. 真のストレスを知り、避けまくれ
2. 真の欲を知り、満たせ
3. 自分に該当しない常識を剥《は》げ
4. 「やりたいこと100」を書き続けろ
5. 断食しろ

6. 悩む必要のないことに悩むな

7. 自分の時間を確保しろ

並べると簡単そう、かつ自己啓発みがあるが、そうでもない。順番に説明するね。

ルール 1

真のストレスを知り、避けまくれ

連載中に受けたお悩みのうち多くは、相談者の「真のストレス」と「真の欲」を掘り当てることが解決の肝だった。人はストレスを避け、欲を満たせば、たいてい幸せを感じられるから。

ただし、この「真の欲」とストレスを見極めるのが簡単じゃない。私自身、自分のそれらにたどり着くのに丸1年かかった。そのエピソードと共に解説したい。

・・・ 3月が近づくたび憂鬱になってた

2年前くらいまで私は、エッセイを書く以外にもうひとつフリーで、あるアートプロジェクトを指揮するクリエイティブディレクターを務めており、実際のディレクションのほかに代表としての仕事もしていた。

その仕事自体は楽しいはずなのに、いつの頃からか正体不明のモヤモヤに苛まれてた。気づけば新しい案件を受けることに躊躇し、理由も説明できないのに断るようになっていた。毎週のようにｃａｋｅｓの連載で「自分のストレスを避けて！」とか言ってるくせに自分のストレスの正体はうまくつかめなかったのだ。

ある年、確定申告の書類が届いたとき、私は反射的にそれを見えないところに隠してた。そのときやっと「あれ、私、確定申告がストレスすぎなのでは……？」と気づいた。

確かに振り返ると、毎年冬が近づくにつれ、領収書の山を見ると吐き気。3月来るなと願いながらめまいと戦い、仕事辞めたくなってた。

つまり私は、確定申告にまつわる領収書保管や整理や計算や申請が、心の底からストレスだったのだ。プロに頼んだこともあるが、そのプロに丸投げするため領収書を綺麗に保管する時点で苦痛だった。そしてふと、真の解決策がわかった。

収入を発生させなければいいのだ。夫の収入のおかげなのだが、私はお金がほしいから働いているわけではない。お金をもらわないことにした。

もちろんチームで仕事をするのでデザイナーさんなどには正しく支払う。お金の振込先を私ではない口座にしてもらった。いままで仕事用に使っていたその口座を閉じたとき、開放感から涙が出た。

仕事をするのにお金をもらわないって、逆にストレスが生まれないのか？　と思った人もいるかもしれない。それは次で説明したい。

ルール2　真の欲を知り、満たせ

ここから一瞬、話が変わるけど安心してついてきて。

ちょうどこの悩みを煮詰めていた頃、私は近所の岩盤浴に行って、いつもどおり雑誌を選んだ。「いつもどおり」と書いたが、私は岩盤浴で、読みたい雑誌を読んだことがない。

本当は『豚コマレシピ100』とか『使える春メイク100』とかダサいものが読みたい。

だけどなぜかいつも、いつもいつもいつも、『BRUTUS』とか『POPEYE』とか『GQ JAPAN』の、メンズファッションやインテリアや読書や偉人特集とかを手に取る。

主婦っぽくない、いわゆるイケている大人が読んでそうな本を手にとって難しそうな顔で眺めていた。何年もずっと。

あるとき、ふとこの理由を突き詰めて考えてみた。

読みたい雑誌を読まないのは、元彼に会うかもしれないからだ。この地元の岩盤浴は男女混合スペース。半径5キロ以内に最愛の元彼、ラスボスさんが住んでいる。

それを考えながら私は急に、自分の真の欲求にたどり着いた。

「私は、世界一の元カノになりたい。元彼に史上最強元カノと思われることが最大の喜び」

岩盤浴で突然そう悟った。いつも、いつもいつもいつもいつも、自分が「どんな元カノでありたいか」だけを考えて、生きていると。それはかなりの大発見だった。

・・・私の地球は元彼を中心に回る

親族が読んだら引くだろうが、振り返ればたしかに毎日の格好やＳＮＳの投稿内容、仕事選びにおいてまでも何かを選択するとき私は「どんな元カノでありたいか」だけを軸にしていた。

残念ながら真のそれは、「どんな母でありたいか」「どんな妻でありたいか」などではなかったのだ。

だが一度受け入れると、ストンと、自分の選んできたものや、これから選びたいものが、ポールダンスくらいのびくともしない太い柱で串刺しにつながった気がした。

これに気づいた私は、前述の仕事のモヤモヤを思い起こした。

私がアートプロジェクトの仕事をするモチベーションは、元彼に「こんな大きな仕事したんだ」「いつもがんばってるな」「我が元カノ最強」と思われることのみだったのだ。

私がほしいのは、お金ではなく「元彼映えする名誉」だけだった。それ以外いらない。

夫の給与があっても共働きで家計を潤せるならそのほうが幸せと感じる人も多いと思う。だけど私の場合は、仕事の実績とドヤSNS報告だけ手に入れて、面倒な経理とは縁を切ることこそが真の幸せだったのだ。

ルール3 自分に該当しない常識を剥げ

私たちは日々、気づかぬうちに、常識にとらわれまくっている。

先ほどのエピソードの場合、「お金は働いた分だけもらうべきもの」「確定申告は誰だって面倒なんだから、耐えるべきもの」という常識を自分から剥ぐことに時間がかかった。

だけど、一度剥いでしまえば解決方法は思ったよりシンプルだった。

自由にいいもの作って、お金はもらわないし、確定申告もしない。

あとはたとえば、「友達が少ないと不幸」という常識も剥いだら、無理にママ友作ろうと躍起になってた日々から解放され、最小限のママ友たちと最高の日々を送れるようになった。

さらに言えば「一度立ち上げたプロジェクトはできるだけ長く続けるもの」という

大流出

常識も剥いだことにより、前述のアートプロジェクトも現在もうやめている。当初の目標であった「元彼映え」する雑誌に無事掲載されたからだ。私の地球は、元彼を中心に回りはじめた。

ルール

4

「やりたいこと100」を書き続けろ

考えること。

とはいえ、すべての人が岩盤浴で欲を悟れるわけではない。

大事なのは、**日頃から自分の何気ない選択を観察して、「なぜそれを選ぶのか？」を考えること。**

説明できないような珍行動をしていたら、自分に聞き込みする。

「え、何でそんなことしてるの？」「何か隠してる？」など自分に事情聴取するイメージ。

そして最も手軽にそれを知る方法はやはり**「死ぬまでにやりたいこと100」**（P80参照）を書くことなのだ。

かつ、それを少なくとも1年に1回は更新し続けること。

私もやってみてわかったけど、やりたいことって実際叶えてみると想像もしないス

大流出

トレスが発生することもある。その場合はまた別の叶え方を模索したらいい。「夢は叶えたら幸せ」という常識も剥ぎ取りながら、ストレスにも敏感であり続け、リアルに理想的な100の願望を更新し続けよう。

さらには、常に最新の「やりたいこと100」を把握しておけば自分の地球が何を中心に回っているのかも明確になり、進むべき人生の方向に迷いにくくなるよ。できるだけ、絶対人に見られたくない！　と思えるようなエグい欲を臆せず書こうね。

「魚をさばけるようになりたい」とか、ささやかなのも良いよ。

ちなみに私の場合「自分のこういうとこ、好きじゃないかも……」と感じるたび「じゃあどうしたら好きになるんでしたっけ？」と自分に事情聴取して、なりたい自分を暴き出し、最新の欲や「具体的にすべきこと」と向き合ったりもしてる。

つまり、**自己嫌悪の沼に陥りそうになったらその毎回、ひとまず100書こう。**嫌悪しない自分になればいいだけだから。

ここまでの4つは、欲、ストレス、無駄・常識、やりたいこと、などで自分のことを知る方法だった。次は、個人的にメンタルの状態が速攻で改善する方法だと思っている。

大流出

ルール

5 断食しろ

メンヘラの悩みのほとんどは、基本的な体調不良からきているのではないか？と常々思っていた。たとえばわけもなくイライラするとか、眠れないとか。それを解決するため、**ひとまず全員断食してほしい。**

偏見により断言するが、メンヘラって偏食の人が多い。チョコ、アボカド、お肉……何でもいいんだけど、徹底的に好きなものばかり食べるよね。いや偏見かもしれないけど、食が整ってる現役メンヘラって見たことがない。私はこれぞメンヘラの精神状態不健康にしてる要因のひとつなのではと本気で思っている。

前後食もきちんとした断食を6日くらいすると、食による精神不調は雲ひとつなく晴れる。頭がスッキリする。よく眠れる。

特に食生活が乱れていたメンヘラならば、初めての脳内ド快晴に驚くと思う。1年に2回くらい断食をして、できればグルテンフリー生活などをして、食による精神改善してみてほしい。

ガチのアナウンスですが……私の場合、専用の酵素ジュースで6日断食し、その前2日とその後10日は肉類禁止の期間としてます。グルテンフリーは3年間してる。各自健康に配慮して進めてください。

さらに追加するなら「無理なく継続できる筋トレ」もまず1ヵ月続けてみてほしい。なかなか運動系と縁がない生活をしがちなメンヘラ。形から入ってウェアを揃えまくったランニングもきっと続かなかった人多いのでは（私だ）。

そんな私でも、唯一継続できて成果が出た筋トレは、プランクだった。床さえあればできるし、毎日数分でできるし、1ヵ月も続ければ腹筋の線が見える！　何より、腹筋という「蓄積した宝」みたいなものが鏡の中に毎日確認できることはかなりの自己肯定感につながった（ちなみに、プランク続けるためのアプリたくさんあるよ。運動継続できない我々の味方はアプリだったんだ)。

ということでメンタル荒れやすい人、だまされたと思ってあえてフィジカル面攻めてみたら近道かもよ。

そしてさらにもう2つ、ここまでのルールをより効果的に活かすために大事なことがある。

ルール

6

悩む必要のないことに悩むな

お悩み相談100件のうち、3分の1くらいが「悩む必要のないこと」だった。

たとえば、急ぎの結婚願望もなくリスクもそんなにないケースなのに、いちいち不倫する自分に悩んでいたり。弊害など特にないのに、元彼のSNS観察する自分に頭を抱えていたり。

もっと身近な例を挙げると、現状、家族と楽しく理想の暮らしを築けていて、そのための給与も休みも十分会社から得られていて大満足なはずなのに、海外を飛び回り活躍する旧友のSNSを見て「俺はまだまだだ。転職も考えたほうがいい」と焦り悩んだり。

これらはすべて、全然悩む必要のない「無駄悩み」だ。

なぜならこれらの悩みは、**真の欲に紐《ひも》づいているものでなく、思い込みによるものだから。**

真の欲は、「不倫だけどこの人と過ごして癒やされたい」「元彼のことが一番好きで常に知りたい」「ゆっくりとした家族との日々を大切に生きたい」なのに、「不倫は常に悩むべきもの」「元彼ひきずる女は痛い」「バリバリ海外で活躍する人が勝ち組」という思い込みに振り回され、無駄な悩みが一人歩きしている。

自分の本心に関係ない悩みだと気づけたら、そもそも解決する必要もなくなるし、悩む必要もなくなる。

ルール

7

自分の時間を確保しろ

そして。これらのすべてを冷静に考え、欲を満たし、幸せな生活をするには、あたりまえだけど、**そのための「自分一人の時間」を確保することが必須だ。**ママでも介護中でもブラック企業勤務でも誰でも。

月2回3時間ずつなどでもいい。突発的でなく、計画的に定期的であることが大事。**それを誰にも罪悪感を覚えないように、確保してほしい。**そうじゃないと、結局長続きしない。

たとえば子育てでいうと、子どもを文字通り一時的に預けられる一時保育って実はそこまで高額じゃない。定期的に子どもを預けることで、時間を確保して、自分のことを整理すると、グンと自分の人生が復活する。**自分が欲を満たし上機嫌でいられることは、まわりのためにも必須なので絶対に罪悪感を持つ必要ない。**

大流出

私自身、第二子が1歳になった瞬間に週2で預けるようになったからこそ、大好きな場所や時間に新しく出合えて、連載にも思い切り向き合うことができた。個人の幸せを維持するための時間は、絶対に、必要なのだ。

ごめんここまでですでに7つ書いているんだけど、書籍限定でもうひとつしれっと追加します。

自分を変え続けても、それだけではどうしようもない、外的要因に悩まされることもある。

というのもだ。ここまでのセブンルールを徹底的に取り入れ

具体的には、定期的に飲み会を開く友達グループの中で最近どうしても会うだけで嫌な気分になる子がいるとか、会社で苦手な上司がいるとか、「ストレスを発生させてくる相手がいる」場合。

メンヘラは、ときに攻撃的ではあるけれど根が優しいので（そうだよね?）、そういう人物が現れても空気を読み耐え続け関わり続けるという傾向もある。

私もそうだった。疎ましい人物を疎ましいと思いつつ会い続けたり、ときに裁判沙汰になるほど揉《も》めても、結局そのあとも関係を続けて、頭の中がその相手一色になったり。あるいは「こんなに人を苦手と思う私が悪いのかな」と自己嫌悪に苛まれたり。

だけどいまの私はそんなことで悩まない。なぜなら、そんなときは速攻「ヒト断捨離」することにしてるから。

ヒト断捨離とは言葉の通り、少しでも関わりたくないと思う相手を、自分の世界から捨て去ること。自分の世界の中においてだけ、その相手を抹消するのだ。

SNSブロックはもちろん、関係者に「あの人には絶対会いたくない」と伝えておき、その相手が現れそうな場には行かない。それらを徹底する。血縁関係あっても問答無用。

極端な話、会社に嫌いな相手がいたらすぐ転職するのもありだと思う。

だって我々の脳にはキャパがある。限りある人生の中で、少しでも煩わしい相手のことに脳の面積を使いたくないし、そこまで嫌な相手を採用し続けてる会社にも疑問が湧いてしまう。そんな外的要因のために悩んだりするのはもったいないから。

ちなみに、ヒト断捨離しまくると孤独に陥ってしまうのでは？　なんて心配しないで。不思議なことに、嫌な相手を片っ端からヒト断捨離し続けると、知らないうちにまわりは大好きな相手ばかりになってるのだ。

以上！　セブンルール＋αでした。

さて、これらのルールは、この本の元となった連載である「メンヘラ・ハッピー・ホーム」でみんなの悩みを解決する中で気づいたことだった。

そしてここからは汎用性がないかもしれないが、ドメンヘラだった私のハッピーの行く末を伝えたい。

・・・私は幸せになれた

振り返ると連載2年目くらいまで、私はずっと、人生はいつだってずっと先にある幸せを目指し、それに届かないまま、死ぬものだと思っていた。

だけど目先のお金を手放し、自分の立派じゃない欲を認め、ストレスが最小で欲が最大に満たされたいま、**私は生まれて初めてタイムリーに「幸せだ」と実感してしまっている。**

これには連載の中で新しく生まれた欲も関係している。

幸せのその先に見えたもの

連載で悩みに答え、相談者さんからお礼メッセージをいただき、それを噛《か》みしめる日々の中……私はすっかり「相談者さん一人ひとりを誰よりも幸せにしたい」という新郎のような欲に取り憑かれてしまった。

そして自分のことではなく、**自分以外の誰かを幸せにしたいという欲が叶ったときの充実感が、もはや、何物にも代えがたいと知ってしまった**（逆に回答が刺さらなかった相談者さんはごめん）。

目の前で悩みあがくメンヘラをただ幸せにしたいって、まさに、メンヘラホイホイだ。現役メンヘラだった頃、メンヘラホイホイな彼氏たちは自ら奴隷のような生活をして幸せなのかな？　と思ってたけど、いまなら理解できる気がする。

本当のしあわせを探したときに――元メンヘラの幸福論

かつて私は、自分の成功のためだけに連載していた。

本を出したくて、他の連載も増やしたくて、それに焦って嘆いて。

エッセイを書く人は本を出して連載をいくつも抱えることが勝ち組。さらにひとつの記事に何時間も何日も費やすなんて時給下げるだけで素人すぎ、という思い込みにとらわれてた。

だけど途中から私は、この連載以外の執筆を断っていたし、毎日一日中、誰かの悩みに悩み、長いとひとつの相談に半年かけて回答してきた。10回書き直すこともあった。

これは、自分の利益しか考えず、ときに自分の書きたいことだけを書こうとする私を絶対見逃さず制し、容赦せず膨大な量の赤入れをし続けてくれた担当編集者Nさん(元ガチメンヘラホイホイ)のおかげでもある。

大の大人二人が「いや、この人にとってこの解決策はリアルじゃない」「これできっと幸せになれるのでは?」って真剣にやり取りする日々は、なんというか私にとっては、とても正しくて心地よかった。

自分一人の意見を通すのではなく、他の人の意見も取り入れて考えるって、こんなに可能性を広げるんだということにも気づけた。

自分だけを愛し抜けるのはメンヘラの最大特性ではあるけど、**自分のことだけでなく、心の底から誰かを思えたとき、メンヘラの幸福度は一段階上がるのかもしれない。**

ということで。これを読んでくれたみなさんが自分なりの幸せを実感してくれること、そしてこの本が売れまくり、我が元彼に映えまくることこそが、いまの私の最欲です。

なのでみなさん。脱メンヘラが成功して悩みも減ったら、どうかＴｗｉｔｔｅｒとかで報告して！　宣伝しまくってお願い！　ああそうして、この欲が叶いまくったら……次に自分がどんな欲を更新するのかまだ想像もできない。

だけど、これからもきっと、最高峰元カノとして、ずっと昇りつづけたいと思う。

5章

最終回

メンヘラは悪口じゃなくて誇りだし、とっておきのハッピーになれます

この本の元となっているｃａｋｅｓでの連載「メンヘラ・ハッピー・ホーム」が最終回を迎えてから、もう1年が経った（２０２０年7月現在）。

正直、連載は自分でも想像しなかったほど多くの人に読まれ、２０１９年の上半期ＰＶランキングでは3位に入るほどだった。

連載2年目の夏に「3位以内に入りたい」と決めてからは本当に長く大変な日々で、その走馬灯と、このランキング結果を祝ってくれた読者のみなさんの声などが混ざりあい、やっと3位に入れたときはスタバで大号泣した。

だけど泣いた理由はそれだけじゃなかった。私はその時点ですでに連載の最終回を決めていて、まさにランキング発表の次の週に最終回が公開されることが決まっていたのだった。

私がまだ、迷いがちなメンヘラのままだったら。

「3位になれたし人気だし、やっぱり連載やめるのやめる！」って周囲を振り回し、煮えきらないまま連載を続けてただろうなあ、とリアルに思う。

だけど私は結局スッパリと連載をやめ、自分のハッピーに邁進しようとした。

そこからの約1年のこと、そしてその1年から得た新しい気づきのこと。

そして、連載スタートから書籍を書き綴る今日まで毎日考え続けた「メンヘラ」について、たったいまの思いも含めて綴りたい。

・・・これは大作だった

まず、連載終了の理由は「小説を書くことに集中したい」だった。

連載を続けながら新しいことをするという選択肢も物理的にはあったのだけど、何度も試してみて、私の場合それは絶対に無理だと判断したので、この結論になった。

というのも、私にとってこの連載は毎週手がける「超大作」だった。

「大作」の定義って人それぞれだと思うけど、この連載は高さ10メートルのキャンバスに油絵を書くくらいに一回一回、体力や精神力を費やして、自分丸ごとを削り続ける必要があるものだった。

寝る直前も起きた瞬間も、子どもたちの授業参観中も、体験に行ってみたヨガの精神統一の時間も、家族旅行中も、映画館でのクライマックスでも、いつだって、毎日ほとんどの時間この連載の内容を考えて、子どもたちを預けてる時間はほとんどPCと向き合ってた。

お悩み相談が始まってからは、常に7、8件のお悩みと共同生活してたな。恋愛も仕事も10重《おも》なのだ。ということで、大事な連載をおろそかにしたくない気持ちを優先し、ケジメをつけたいと決めたのだった。

・・・悩んだ軌跡

これだけ大きな決断なのに、悩んだ期間はほぼなかった。

これまでの私だったら「どうしようどうしよう」って泣いたり吐いたりしながら、友達に長文メール送りまくっていつまでも葛藤したりするのだけど、初めて誰にも相談せず、考え始めたときには答えが出てしまっていた。

なぜだろう？　と考えたのだけど、奇《く》しくもこの連載のせいなのだ。

毎週毎週、建前や本音の交ざった相談文を手術するように解剖し回答する中で、自分の気持ちにも向き合う達人になってしまい、自分の本心を見抜くスピードが超人的に上がっていた。

「この連載に区切りをつけたい」

これが一過性の気持ちなのか、長期的に見ても変わらない気持ちなのか、本心なのか、見栄や強がりなのか……明確にわかるようになってしまっていた。
そしてこれはいままで連載にも書いてこなかったのだけど……大事な決断をしようとするとき、私が自問自答する質問がある。

それは、「この選択が、占いで『不幸しか招かない』と断言されたとしても、それでも選びたいか？」というもの。
私は、自分の小説が誰にも評価されなくても、日の目を浴びなくても、不運しか待ってなくても、メンヘラ連載を続けてたほうが華々しい未来が待ってると約束されているとしても、いまは小説を完成させたい、と思ってしまったので、もうどうしようもないなと、手なずけられないトラを眺めるような気持ちで、諦めたのだった。

・・・あるある葛藤

ここで、いままでの私だったら噴出していたであろう「あるある葛藤」を紹介しておく。

・承認欲求の人質
・他者事例との比較
・素人の恥

の3点。順番に触れるね。

・承認欲求の人質

この連載、これまでの人生で最も承認欲求が満たされる存在になっていた。想像を超える数の相談文が日々届き、毎週たくさんの反応ももらった。つまりは求められている実感がものすごくあった状況。

ここまでの承認、いままでの私なら手放すことに怖じ気づき、思い踏みとどまってた可能性、高かったと思う。

・他者事例との比較

エッセイストが、連載をいくつも持ちながら小説を書くなんて、よくあることかもしれない。

そんな他者の成功事例に流され「みんなもやってるんだし」って自分を説得して、小説と連載を無理やり並行して進めてた可能性もあったと思う。

・素人の恥

小説家としては完全素人のくせに、書き切ってもいない小説の執筆を優先させるなんて「勘違いしてるイキリ野郎かよ自分」というような恥に耐えきれず、自分の「やりたい」に蓋《ふた》をしてた可能性もあったと思う。

といった3点のような葛藤が足かせとなり、決断できない悩みを抱えてる人も、いると思う。

だけど私の場合は、承認よりも欲しいものが生まれてしまったし、この連載と小説を同時並行させることの難しさは自分だけがわかることだし、恥なんて無視してでもやりたい気持ちがあって、つまり「誰にもわからないと思うけどまあやるわ」みたいな強さが、備わってしまっていた。

これも、自分が本当に欲しているものは何なのか、ちゃんと見据えることができたことにより、迷わなくなったんだなあと、我ながら成長に感心してしまっている。

とはいえ心苦しいのは、大量に届き続けるお悩み相談。

そして、毎週公開を楽しみにしてくれている読者のみなさんのこと。

急に自分を優先してごめんなさいという気持ちは大きかった。

だけど、連載を読んでくれていた人こそわかってくれる気がするのだけど……。自分の幸せを最優先できるのは自分だけだし、私が私のやりたいことを犠牲にして、お悩み相談を続けていても、それは全然ハッピーじゃない。ということで率先垂範として、自分なりのハッピーを模索する日々を闊歩していきたいと思ったのだ。

それからの1年

そうして、連載をやめて8ヵ月が経った。

毎日毎日、小説を書こう！と決めていたはずが、2ヵ月目くらいで一度心が折れた。その理由を自分なりに分析したところ、「一人きりで闇雲に描き続けるだけだとモチベーションが維持できない」と気づいたので、即cakesの編集者さんに相談し、月一度フィードバックをもらう仕組みにしてもらった。

その後、ありがたいことに発表の機会もあり、反応も得られ、心が大きく折れることはなく、毎日毎日小説を書く生活が続いた。

そんな中、この書籍の担当編集さん（メンヘラでもホイホイでもない女性。Aさんとする）から、書籍化の話をもらった。

正直、その頃は完全小説モードだったため、実はあまり乗り気ではなかったのだけど、初めて会ったAさんは「メンヘラ」という存在に対しあまりに真摯だった。

私が自身の経験を一方的に語るだけの本ではなく、あくまでも「メンヘラ要素を持つ普通の読者が、できるかぎりこれから先、悩まなくなり、生きやすくなる本」を作りたいとのことだった。

そう言われたとき、これまで相談をくれたたくさんの顔が頭に浮かんだ（私はこれまで、お悩みをくれた相談者さん全員の姿を、顔も知らないくせに勝手に脳内で作り上げてきていた）。

まだ答えきれなかった相談や連載終了後に届き続ける相談に関しても。相談文を送ってくれたすべての悩ましい表情が頭にたくさん浮かんだ。

同時に、救われたとメッセージをくれた人たちの晴れた表情も。一気に。

そのとき、うわー。と思った。うわー、私、まだやれることがありすぎてしまう。その本を出したら、まだ見ぬ顔までも晴れるかもしれない。その本を出さないという選択肢は、私にあるのだろうか？　ない。うわー、全然ない。と、大いに困惑しながら、あまりにも強い「使命感」が生まれてしまっていた。

かくして。そこからは、小説と並行できるスケジュールで書籍化計画を進めてもらった。

2020年の2月から私の作業が本格的に始まり、そこからの1ヵ月はこの書籍の作業に集中した。すると、また思わぬことが起きた。

・・・新たな使命感

それは書籍作業を初めてほんの1週間足らずのことだった。

結論から言うと、なんと私は連載を再開したくなっていたのだ。

まったく想定してなかった。むしろ書籍化の最初の打ち合わせではAさんに「メンヘラに関する仕事はこの本以降しないつもりです」とか言ってたくせに！　今回も自分の気持ちに心底驚いた。

連載の加筆修正作業をしながら、『すべての女子はメンヘラである』というタイトルに思いを馳せながらメンヘラについて日々考え続けたからか、メンヘラであるすべての人のために私ができることって、まだまだこんなものではないのではないか……とメンヘラ界に対する使命感の、最終進化系のようなものが生まれていたのだ。

きっぱり連載をやめて、8ヵ月ものあいだ思い切り小説を書きまくれたということもすごく良かった。これでもかというほど小説に向き合えたことで、小説完成までのステップがわかってきたし、書き続けるペースがつかめて余裕が出てきていた。

やっぱりメンヘラは器用じゃない。思う存分、リアルタイムな欲を優先するって大事だ。

それに、私は一度言ったことを撤回することに罪悪感を持たない。

なぜなら人は変わり続けるから。それは前に進みながら生きている証拠だから。

ということで一度最終回と宣言したにもかかわらず、これからは小説と並行しつつメンヘラお悩み相談に応え続ける日々を続けていきたいと思った（ただし関係者の方々への罪悪感は言うまでもなく持ちがちです。このわがままに快諾してくださったｃａｋｅｓのみなさまありがとうございます、結果で返します！）。

最後に。

とはいえ私はいつ死ぬかわかんないし、死ぬまでに全メンヘラを笑顔にできるとは限らないので、メンヘラ界に遺言を残して本書を終わりたいと思います。

みなさん。

いまたのしいですか？　つらいですか？　苦しいですか？

誰もが様々な感情のまっただ中にいると思います。

だけどひとまず、毎日早く寝てください。

そして問題から逃げずに、どうか具体的解決策を練って行動に移してください。

話し合いは早めにしてください。躊躇せず有休を取って、山か海に行ってください。

嫌な相手はブロックしてあなたの世界から抹消してください。

今日から3日以内に「死ぬまでにやりたいこと100」を書いてください。

何でも叶えてくれる龍がもし、目の前にいるとしたら何を願うのか、真剣に考えてください。

誰かの決めつける「幸せ」に惑わされないでください。

自分だけのハッピーを描いてください、解像度高く。

不安定でいることをアイデンティティと思い込まないでください。

全力でハッピーであろうとすることにブレーキをかけないでください。


この本をここまで読んだにもかかわらず、自分に妥協しようとするならば、なんらかの呪いにとらわれてるかもしれないと心に刻んでください。

ここで読んだことを忘れないでください。どうか元気でいてください。メンヘラだった過去を、どうか黒歴史にしないで。

最後の最後に。

「メンヘラ」は悪口じゃない、誇りだ。

忘れもしない「メンヘラ・ハッピー・ホーム」の第1話で、私はこう書いた。

〈メンヘラとは、無差別に恋愛やセックスに依存しまくったり、無意味に手首を切る人ではない！　メンヘラは負の遺産などではないこと、応用次第で相当な力を発揮することと、それは人類だけが辿り着いた力であることを伝えたい。メンヘラは黒歴史とは限らないよ！　と実証したい。〉……と。

ちゃんと実証できたかは正直わかんないのだけど……連載が始まってこの4年、メンヘラという性質に向き合って、思う。

やはり少なくとも私にとって「メンヘラ」という過去は、悪口じゃない。恥でも黒歴史でもない。誇りだ。

「心でっかち」なメンヘラ要素があるからこそ、私たちは日々感じすぎ、迷いすぎ、爆走しすぎ、思わぬ頂にたどりつく。

私たちにしか見られない景色がある。

それが痛みを伴ったとしても、誰かにとってのアンハッピーだとしても。

自分自身にとことん向き合った人だけが叶えられる、とっておきのハッピーがそこにある。絶対に。

そう確信を持って、私はこれからも、メンヘラを孕《はら》む自分のハッピーを追求したい。そして読者の皆さんのハッピーを、願い続けたい。

最後の最後の最後に。

私にメンヘラという最高の景色を見せてくれた元彼の皆さん、特に私のメンヘラ力を最大限爆発させるきっかけを与えてくれた、最愛の元彼であるラスボスさんに、最大級の感謝を捧げます。好き。

2020年7月 スイスイ

僕がこの本を大学生の頃に読んでいたら、と強く思う。そうすればその頃の僕は少なくとも夜にぐっすりと寝られただろうし、携帯を置きっぱなしにしてどこかに出かけることもできただろうし、いまこうしてラスボス扱いされることもなかっただろう。

しかしながら、栄えあるメンヘラホイホイ男子代表として、本書の中で僕にとって〝史上最低の元カノ〟が世間にポジティブなメッセージを発信しているのを見ると、なんだか誇らしい気持ちにもなる。思うツボであろうことが非常に癪《しゃく》である。

というわけでここからは、すべていま思えば、ということばかりですが、当時の密室の中でメンヘラ喜劇を繰り広げていた当事者として、自身のメンヘラ観について、本書の内容に沿ってお話しできればと思います。

『すべての女子はメンヘラである』というタイトルの通り、世の女子にはわかりやすいメンヘラと潜在的なメンヘラしかいないと僕も思う。こと恋愛においては誰しも少しくらいの異常性というか妄執性というか、何かドロドロとした情念のようなものがあって、これはもう間違いなく誰もが持っていて、それをどう発露させるかでその人がメンヘラと呼ばれるかどうかだと思っている。もう少し突っ込んで言えば、恋愛や人生に対して「スタイルとしてのメンヘラを選んだ人」が俗に言うわかりやすいメンヘラ女子なんじゃないかと思っている。

無自覚かもしれないが、彼女たちは確実に、自身がメンヘラであることを選んでいる。好き好んでメンヘラらしくあろうとしている。テレビや漫画や噂話で聞きかじったメンヘラさもありなんというもののエッセンスを自分なりに取り入れて、見事にメンヘラを着飾っている。世のメンヘラ女子たちがどことなく画一的な特徴を持つのはそういうことだと思う。

ではなぜ彼女たちがメンヘラ女子になることを選ぶのか。僕はその発生源を「憤り」だと思っている。自分には特別な何かがあって、しかしなぜかそれが発現されていないという憤り、もしくはそれが他者に認められていない（愛されていない）という憤り。そうした自己と他者に対する憤りから、彼女たちは何とかして自分が何かしらのスペシャルなものであろうとするのではないか。世間から、たとえそれが奇異の目であったとしても、ある種カテゴライズされたくなってしまうのではないか。そうしたときにメンヘラ化という手段は彼女たちにとってとても心地よく映るだろう。

何せ、メンヘラ女子というのは非常に楽な選択肢のひとつだ。メンヘラは何も生み出さなくていい。自己と他者を縛り、奪い、破壊し、捨てる。憤りという強烈なパワーのもとに、そのすべてが特別で極上の快感に変わる。惚れた相手と自分で、傷つけ合いながらデカダンスの谷へ真っ逆さま。まさにスペシャルな私にふさわしい。だがしかし、無論、その選択は自分も他人も不幸にしている。第三者からは滑稽《こっけい》だと笑われている。その上でそれすらも快感に変わってしまうメンヘラ沼から、抜け出すのはとても難しいだろう。抜け出すことすら求めていない、なぜなら繰り返しになるが、メンヘラ化は、半径5mの世界でコントロールできる、唯一無二のスペシャルな存在としての最大限の憤りの表現だからである。

ただ、ここでメンヘラのすべてをただネガティブに捉えるべきではないことは、本書を読まれた方なら周知の通りだと思う。メンヘラの持つその強烈なパワーがメンヘラ化ではなく、ポジティブな方向に昇華された際には、自己と他者にとってこれほど有意義なリソースはない。何せエネルギー源は自己の憤りなのだから、どんなことからでも無尽蔵に供給されるのだ。苛烈な彼女たちは常にもっとスペシャルな自分であることを求めている。

自分の存在に悩み、憤ることのできる人間は実はそんなに多くない。誰もが皆、自分はこれくらい、あの人はこれくらい、といった落とし所を作って生きていると思う。僕を含め、できなかったことや、なれなかった自分を納得させている。しかしながらメンヘラ女子は違う。そんな自分に納得しない。

結果それがメンヘラ化という方法だったとしても、メンヘラファッションに身を包み、手近なメンヘラホイホイ男子を引きずり込み、やりきる。時に緻密に時に大胆に戦略を立てて、自己をメンヘラとしてプロデュースするスキルとパワーを持っている。だからこそ魅力的だし、それを隣で見守りたいという相手も出てくる。

であれば、世のメンヘラ女子たちはもはや、そのままメンヘラであることはもったいないのではないか。完璧なメンヘラ化ができた自分という成功体験をもって、以前憤っていた自分と、そこから話してみてはいかがだろうか。その方法論に関しては僕の史上最高の元カノが本書で実体験を元にこれ以上なく言語化してくれていると僕は思います。

余談ではありますが、僕が密室メンヘラ喜劇を繰り広げていたとき、なりたいものは仮面ライダーでした。当時の僕にとっては無敵のヒーローのシンボルだったのです。無敵のヒーローは当然他者を助けます。困っている人に手を貸すことが、彼にとっての快感なのです。なので、メンヘラ沼にズブズブとはまりたい方は、ヒーロー作品好きを探してみるといいと思います。そうでない方は、そういう人間とは付き合わないでください。ヒーローに憧れてるってことはつまり、そいつはヒーローじゃないんですから。

最高になりたかった最低の元彼

特別収録

Q & A

お悩み相談
神回TOP10

Q.01

家事や貯金ができず、みじめな気持ちになってしまうのですが…

（まお・26歳・女・会社員・ガチメンヘラ）

何が不安かもわからず
リストカットをする日々

私は17歳のときからメンタルクリニックに通っているガチメンヘラ（鬱とははっきり言われていません）です。

5年ほど付き合って別れ、1年後に復縁し、さらに1年後別れた彼がいるのですが、1回目は自分がつらくなり別れを切り出し、2回目は結婚にも言及され「もっと将来のことを考えてほしい、お金の使い方とか」と言われフラれました。

自分に自信がなく、好きと言われていても、こんな自分で申し訳ない、私よりもっといい人がいると常々思っていました。

彼がいい人（何でもできる人）であればあるほど、自分がみじめで仕方なくなりました。

彼女でいることに引け目を感じることには、家事全般がまったくできないこと（実家暮らしで母親がすべてやってくれます）と貯金ができないこと（働きだして6年目、少し貯めていた貯金も底をつき、あればあるだけ使う）があるのですが、それを自ら改善しようという意志が見られないのが一番困っています。

家事ができないならやればいい、貯金ができないのが嫌なら貯めればいい。わかってはいるのですが、やろうとすればするほど結果は逆になります。

この悩みを送るにあたって、自分の本当の望みは何だろうと考えてみたのですが、私は多分何もしなくても愛してくれる誰かをずっと探していま す。

家事ができなくてもいいよ、お金も稼がなくていいよ、ただそこにいてくれればいいよ。そう言われたいだけなのかもしれません。

私は親にあまり愛された記憶がありません。だからその穴を埋めようとしているのかもしれません。

そんな私が家事や貯金をできるようになりますか？　どうしてできないとみじめな気持ちになるのでしょうか？

すぐにでも結婚したい気持ちはあります（今は相手すらいないのですが）。でも現実的に考えてこのままでは無理だと思います。

何が不安かもわからずリストカットをする日々です。どうしたらいいのでしょうか。

A.01 それは思い込みです！

〈家事全般がまったくできない〉〈貯金ができない〉ことに苦しむ今回の相談。

「とにかくやれば？」なんて言わない。「できない」に苦しむ気持ちがものすごくわかるから。さらに「全部家事代行でいいやん」とも言わない。それではあなたのみじめさが増えるだけだから。

私自身、自分の貯金のできなさと家事のできなさに絶望してたことが何度もある。多くのメンヘラにとって、これは避けて通れない悩みの一つ。

ということで。ときめき断捨離ではどうにもならない私たち向けの解決策書いてみました。

・・・99%は思い込み

まず先に断言したいのは〈家事全般が全くできない〉は99%思い込みだと思う。

なぜなら家事ってバリエーション豊富。料理・洗濯・掃除・整理整頓・家計管理など求められる能力があまりにバラバラで「家事全般苦手」っていうのは「食べ物全般苦手」っていうくらい敵を大きくしすぎ。「家事全般苦手」と言うほとんどの人が、実際は「一部の家事」が苦手なだけ。

特にあなたの場合、基本すべての家事はお母さんがしてくれてるわけで、家事の全貌もよくわかってないのに「家事全般ひっくるめて苦手」って決めつけてるよね。やらず嫌い。

なぜそこまで家事に苦手意識があるのかというと「呪い」をかけられてきたからだと推測する。

「あんたは料理も下手なんだから」
「何でそんなに片付けできないの」
「家事ぐらいできないで結婚できるの?」

など、お母さんから苦手意識を植え付けられてきたんじゃないかな。

じゃなかったら一人暮らしもしたことないのに「家事苦手」ってここまで決めつけられる理由がない。

〈どうしてできないとみじめな気持ちになるのでしょうか?〉という質問に対する答えは、少しでもできないと「みじめになる言葉を、お母さんからぶつけられてきたから」では?

最近メンヘラの友人に話して超納得されたのだ

が、たとえば「あんたは口下手だから」「あんたは白い服似合わないから」などと呪われてても、コミュニケーションやファッションにまつわる「呪い」は、大人になる中で、解けるチャンスが割とある。

社会に出たり友人が増える過程で、上司がプレゼンをほめてくれたり、営業職で良い評価を得たり、友達と服買いに行くなか明るい服が似合うと言われたりなどの成功体験が重なれば、呪いは覆ったりするから。

だけど家事の呪いだけは、他人と一緒に住まないかぎり検証されず、成功体験を得る機会が極端に少ない。そもそも家事能力の評価基準自体が曖昧すぎる。

つまり家事呪いは、特別に長引く気がするのだ。自力で「解こう！」としないかぎり。

・・・呪いを解くには苦手の「分解」

数年前。あなたと同じように家事全般に苦手意識のあった私は、苦手家事を以下4点に「分解」してみた。

・リアル苦手
・まあまあできる
・忘れがち
・やらず嫌い

そうすると次のようになった。

【リアル苦手】
・床や机をからっぽにすること
・アイロンがけ

・美しく料理を盛り付けること
・子ども服をタンスに並べること

【まあまあできる】
・お風呂洗い
・皿洗い
・調理
・掃除機
・大人の服を並べること

【忘れがち】
・トイレ掃除
・洗濯物の取り込み
・布団畳み

【やらず嫌い】
・揚げ物
・ボタン付け

分解したあとで「ゴールを設定し直す」ということもしてみた。

私の場合、幼少期からずっと、几帳面《きちょうめん》すぎて万能な母親をゴールとし、母と自分自身を比べて卑下してた。

だけど、そんなプロレベルなどゴールとせず、「映えないけど家族が満足」を自分なりのゴールと設定し直した。

それにより「リアル苦手」だと思ってたものをいくつか「まあまあできる」に昇格させられた。

さらに〈リアル苦手〉の中でも「やらなくていいこともあるのでは?」と疑った。たとえば「アイロンがけ」はそれが必要な衣類（ワイシャツなど）だけ毎度クリーニングに出せばいいし、「美しく料理を盛り付けること」なんてそもそも母にバカにされるのが嫌なだけで美しさいらんわ！　と目が覚めた。

つまりつまりつまり。改善に取り組むべき苦手項目って、

・床や机をからっぽにすること
・子ども服をタンスに並べること

のたった2点！　だったと気づき、一気に敵が小さくなった。

ちなみに子ども服だけきれいにタンスに並べられない理由は、

・子ども服だけ量が多い
・子ども服だけ荒く扱ってもいい素材

と気づき、断捨離して子ども服の量を減らしたら改善された。

「忘れがち」に関しては「トイレ掃除！」という定期アラームを、設定にしたら忘れずできるようになった。

ここ重要だけど、敵の正体がはっきり見えて初めて、具体的改善策を考えることができるのだ。

・・・コンプレックス卒業

そしてこの1年。個人的に最も大きな感動的進化があった。それは〈やらず嫌い〉のテコ入れ。なんと1年で「揚げ物作ったことない」が「趣味は揚げ物作り」に進化したのだった。

私の「料理苦手」を分解するとその理由は、

・母に下手と言われてきたから
・揚げ物ができないことがコンプレックスだから

だと気づいた（これが理由の自称料理苦手メンヘラ、まわりに多い）。

しかも厳密には揚げ物ができないというよりも、できないと決めつけ、揚げ物をしたことがないだけだったという事実にも気づいた。

そして忘れもしない２０１８年６月17日。クックパッド様の導くまま、初めて唐揚げを作ってみたら、あまりに簡単に完成してしまった。それから約２年、週２、３回は何かしら揚げてる。

それまで揚げ物って、ありがち風評被害「温度管理難しい」「片付け大変」「油の飛び散りが気になる」を鵜呑《うの》みにしていたけど。その噂は几帳面な人目線のもので、雑な私は何も気にならないと気づいた。

さっきから「気づいた」って頻出させてるが、コンプレックスを克服するためには、コンプレックス対象の真の正体に「気づく」ことこそが必須だと思う。

という感じで一年かけて私は「家事全部苦手妻」と思ってた自分の苦手を分解＆整理＆克服し「整理整頓が少し苦手だけど、揚げ物できる妻」に格上げすることができた。

かなり自信になった。

宿題と貯金の共通点

次に貯金。

あなたと私の貯金能力ほぼ同じなのだけども、これぱかりはもう完全自力は無理。メンヘラにはときめきが多い。かつときめきの引力が強い。

どうしても欲しい！　という思いは理性などで制すことができない。これぱかりは開き直り、システムに制してもらうしかない。

まずはじめにすべきことは、リアル貯金必須額を算出すること。将来を見据えた上で「本当に貯金すべき額」を第三者に計算してもらおう（逆に言うと、それが0円なら貯金する必要ない）。

我々が貯金に本腰入れるためにはその必要性をリアルに実感するしかないのだ。

必要性と額さえわかれば速攻「定期預金」しよう。強制的に貯金するしかない。

冒頭〈「全部家事代行でいいやん」とも言わない〉と書いたけど、オール丸投げは罪悪感で詰みがちな我々。罪悪感とのバランス取って、少しずつプロに頼むのは重要。ガッツリ苦手分解した結果「これは自力では無理」と見切りをつけられたら潔くプロ、あるいはプロの作ったシステムにまかせようね。

今後一人暮らししたとしても、心が壊れるほど無理したりせず、家事代行サービスも月数回など利用したらいい。

対等じゃないと続かない

ではどんな人と結婚したらいいのか。

まず、家事代行サービスをダメと言い切らない、柔軟な思考で問題解決できる相手と結婚するのは、マストだと思う。

なのでまあ代行サービス月1万円分くらいは使える経済力と価値観をあなたと夫には持っててほしいとは思う。

かつ、あなたの望みは〈私は多分何もしなくても愛してくれる誰かをずっと探しています〉なのだけど、してほしいことばかりの結婚は、結局あなたの首をしめる。

共に支え合わず、片方が片方にパワーを割いてる非対等な関係って、恋愛感情で数年は持つとしても、次第に積み重なっていく負い目やストレスから上下関係や歪みが生まれたり、楽しく続いていかない。

実際あなたはそれが理由でみじめになり彼氏と別れたわけだし。

「こんなことしてほしい」は最悪プロに頼めばいいから、どちらかというと「こんなことをしてあげたい」が多い結婚のほうが自分の魅力を発揮できて、良好な関係が長く続くと思う。


なので、家事が基本的に苦手なのが変わらないとしたら、自分の収入上げるとか、家庭内で発揮できる得意なことを増やすとか、他のこと強化してもいいと思う。

ということでまずは、あなたの「苦手分解」してみてください。

そのあと改めて結婚について考えてみたら、あなたの視界も変わってると思う。

Q.02

「the使えない人間」として生きていくことが、憂鬱過ぎるのですが…

（実力なし子・26歳・編集・女・ややメンヘラ）

ズルくて姑息な生き方をしてきました

大切な仕事に、時間管理ができていなかったことが原因で遅刻してしまいました。

加えて、その連絡をすみやかにすればよかったものの「どうしよう、怖い……」という保身の気持ちが勝り、連絡が遅れてしまいました。

そのことでクライアントを激怒させ、会社の評判を落とすことになってしまいました。

マズいことをしてしまったと理解しつつも、その事実を上司へ報告したメールの返事を見るのが怖く、一晩置いてから返答してしまい、社内での信頼も失っています。

人に悪く思われたくない、楽しいことを享受したい、めんどくさいコミュニケーションはしたくない……。

人として姑息なだけでなく、仕事ができないのも重々理解しています。

頭の回転が遅く、気も使えないし、トロい。「ああ、私ってtheの使えない人間だな」と思います。

だらしなく、能力が低く、不誠実な自分が嫌です。そんなのは努力で変えるべきだし、いい年齢なのだから甘ったれてる場合ではないと理解しています。

もう年齢だけは一丁前に大人です、本当に……。

ただ、この先もこの能力の低い自分として生きていくのが本当に嫌です。

生まれてこないほうが、いろんな人に迷惑をかけることもなかったんだから良かったんじゃないかと思います。

実際に死ぬことも想像しました。しかし、これまで多大な愛情・お金をかけてくれた親の人生に深い闇を落としてしまうことになる。それだけでなく祖父母や親戚、大好きな友人たちの心にも暗い影を落としてしまうことになるな、と思い、これは死ぬことはできないな、という結論に至っています。

この先使えない人間として生きていかなければならないことが憂鬱です。

有能な人間になりたかったです。

人に迷惑をかけてしまう自分がつらいです。

生きてるだけで良いなんて思えません。

こんなことを言ってますが、決して責任感の強い人間ではありません。

責任感がなさすぎて、こういうことが起きてから後悔する人間なのです。

どうしようもなくなってしまい、スイスイさんに相談を送ってしまいました。

どうしようもないと思うのですが、どうぞよろしくお願い致します……。

●●●私は不幸を生み出す側の人間？

思うんです。

Ｔｗｉｔｔｅｒとか見ていて、世の中ジャンル問わずクソなことたくさんあるじゃないですか。

そういうのを読んで、「あ〜、これはクソだ」って思うんです。


それって、諸悪の根源が消滅すれば良い話じゃないですか。ちゃんと誠実な人たちだけで回る、明るく健やかな社会になるのが一番良いじゃないですか。

人間にとって、幸福の追求は大切なことだと思います。いろんな面で見て、幸福を追求することが様々な問題解決のテーマになると思うんです。

だけど、ダメな人間が幸福を追求したらどうなるか……。必ず誰かの不幸を生み出すんです。

たとえば幼児性愛者が幸福を追求すれば、被害者が生まれるんです。そこに反論の余地はありません。なくて然るべきと思います。

私は、不幸を生み出す側の人間です。

何というか、どうすれば良いのでしょうか。

やっぱり、最初から生まれてこないのが最善の策だったのです。これ以上私による被害を減らせればと先程カウンセリングを予約しました。

グチャグチャな相談を送ってしまい、本当すみません……。

A.02

失敗界のエリート

あなたが、どれだけ深刻に悩んでいるかが伝わってきた2つの相談文。

今回こそ私の出番である。

なぜなら私こそ、失敗界のエリート。

社会人になってからだけでなく、バイト期、就活期などなど各年代で盛大な、抜け、漏れ、遅れ、など「失敗」を繰り返してきた。

失敗オリンピック

ということで先に、自己紹介がてら私の失敗披露したい。

基本的な性格として、忘れっぽい、雑、注意散漫、視野が狭い、みたいなところが激しいので、喫茶店のバイト中お客さんの手の甲にホットコーヒー乗せたり、就活中はスーツ着忘れて新幹線に乗り、コートを脱いだら下着姿だったこともある。

社会人になってからも、社内での締め切り作業は守れず、請求書が正しく作れず、デスクはゴミの山。先輩からの呼び出しは数知れず。お店の広告を作る仕事だったのだけど、店名のスペルは間違えるし、半分寝ながら書いたクライアントへの年賀状宛名が社長呼び捨てだったり、上司連れの謝罪も数知れず。

制作会社で働いていた頃も、クライアントに郵送しなくてはいけない書類に、何日間も切手が貼れない。貼っても、数週間それをポストに出せない。

という感じなので、これまで一緒に仕事した人の私への印象は「抜け漏れが多い」「めんどい」「ずるい」ばかりだと思う。

けれどもなんと「あいつはほんと低脳」「仕事できない」という人は、いない気がするのだ。

さらに言えば私自身が、「仕事できない」と自己嫌悪に陥ったりもしていない。

その理由をお伝えする今回。先に心に留めてほしい重要事項を載せておくと……

・「苦手」に努力は無意味
・「仕事できない」はたいていあなたのせいじゃないです。進めるね。

・・・「仕事ができない」とは

先にあなたの言う「仕事ができない」の意味を厳密に考えてみる必要がある。

〈「上司が使えなくて～」「こんな仕事ができないクライアントがいて～」〉と言われる感じの一般的「仕事ができない」と思われがちな人の条件って、単純に以下4つの条件を満たしてるだけだと思う。

【「仕事ができない」の4条件】
・苦手に対策を打たない
・マナーを知らない
・相性が悪い
・コンディションが悪い

つまり、突然重要なことを言うが、「仕事ができない」と思われがちなことと「低脳かどうか」はほぼ関係ないと思う。

何よりあなたの言うように「仕事ができない」からって〈だらしなく、不誠実〉なんてわけがない。

「工夫」さえすればそのコンプレックスは改善できる。1つずつ触れるね。

・・・苦手に対策を打たない

まず、苦手なことって誰しもにある。

私の場合は請求書が書けないし、手紙が出せない。この苦手に対して、あなたは〈そんなのは努力で変えるべきだし〉と言うけど、そんなこと言ってるからいつまでも変わらないのだ。努力なんかでどうにかなるものは「苦手」じゃない。

苦手に必要なのは対策だけ（つまりはPDCAなんだけどひとまず「対策」という言葉だけ意識して）。

それをしないまま自分を責めてるだけだから、そのままなんだよ。

たとえば私とあなたに共通する苦手の「時間管理できない」について。

これに関しては、私自身、入社2年目くらいで対策を打つようにしてから格段に状況が改善された。かなり具体的に説明するね。

【時間管理実践編】

まず時間管理ができない我々に必要な対策は「リアルなタイムスケジュール」を組むこと。

私たちは、普段から必要以上にぼーっとしてしまったり、乗り換えに失敗したり、時間が押してる会議を途中で切れなかったりする。

それを見越した上でのリアルすぎるタイムスケジュールを作りそれにのっとり行動すると不思議なほど計画通りに1日が進む。私はこれ、なんとこの10年くらい毎日続けてる。

具体的に言うと……とても単純なのだけど、こう。


【リアルスケジュールの立て方】

①行動を箇条書き
②所用時間書く
③並べる

……この3つを書いて、守る。

たとえば朝デスクに座った瞬間、午前分書いて守り、ランチのあと午後分書いて守るとか、調整しながらリアルスケジュールを更新していく。

たとえばこんな感じ。

〈スケジュール〉		〈今日やること〉
10:55–11:00	写真送る	・原稿A　45分
11:05–11:50	原稿A	・原稿B　35分
11:55–12:05	PTA物品問い合わせ	・写真送る　5分
12:05–12:10	撮影メール返す	・飲み会ネット予約　10分
12:15–12:50	原稿B	・PTA物品問い合わせ　10分
13:00	飲み会ネット予約	・撮影メール返す　5分

10時45分に書き始めてるのだけど、バッファとって10時55分スタートにしてます。かつ、合間合間に5分とか間空けてるんだけど意外とこれ重

要。この間にネットサーフィンとかする。これぞリアル。

だまされたと思って1ヵ月くらいやってみて。自分を管理下に置き客観的に見ると、時間の使い方の癖も見えるし、自分に合ったスケジュールの組み方がわかってくるよ。

「請求書書けない」は上司に相談してスタッフさんに手伝ってもらうことにしたり、「郵送物出せない」に関しては会社のドアや玄関に「切手貼って出す」という張り紙を貼りまくったりした。反省より対策。そうすれば必ず前進する。

・・・マナーを知らない

次。

今回ポイントとなった行動は、〈その事実を上司へ報告したメールの返事を見るのが怖く、一晩置いてから返答してしまい、社内での信頼も失っています〉。

これ、スケジュールミスもそうだけど「謝罪対応」の問題だよね。

これも能力とか性格は関係なく、謝罪マナーを知らないだけという印象。逆に言うと我々のようなミス多発系メンヘラでも、これさえ押さえておけば印象かなり変わる。

謝罪で押さえるべきマナーは、

・想像を超える速さ
・貢ぐ

である。

怖くて逃げたくなる気持ちわかる。メンタルが繊細だとより一層向き合いたくなくなるよね。

だけど言うまでもなく謝罪は時間との戦い。

遅れるほど相手は怒りを高まらせるし、早いほど、相手に驚きとともに誠意を伝えられる。

で、私の場合、その怖さに自力で打ち勝つことができないので、どんな謝罪でも過剰なほどの貢ぎ物を用意することにしていた。

性格自体は変えられないものの、それがあるだけで、謝罪に少し勇気が増すのだ。バカみたいな案と思うかもしれないけど、それだけで　この7、8年謝ることが怖くなくなったので試してほしい。


今回のあなたの失敗ケースでいうと、クライアントへはもちろん、上司や間に入ってくれた人や関係者全員に、徹底的に貢ぎ物用意したいところ。

え、こんなに？　と笑ってしまうくらい予想より少し上をいく量や質が理想。で、このくらい派手な謝罪案件だと直筆の手紙も添えるべき。

そして我々のような謝罪常連メンヘラにとって、ｇｉｆｔｅｅ（住所を知らなくてもオンライン上でやりとりできればプレゼントを送り付けることができるアプリ）などのプレゼントツールは本当に便利。

ｇｉｆｔｅｅ履歴の多い月はたくさん謝った月。リアルに今月すでに11件使った。

「謝罪をちゃんとする」なんてできることならやってるわ……と思うかもしれないけど、本当にだまされたと思って貢ぎ物用意し始めて。

賞味期限長めの貢ぎ物を自宅に常備しておくと、もういつでも謝れる心境になる。

私は常にママ友に謝る用のお菓子、車に乗せてる。

心を強くするのは無理だけど、装備で強くなることは可能。共に、物に頼ろう。

相性が悪い

次。実はここからが本題。

新卒で入った会社と一生ベストマッチなんてこと、まずありえないと思う。

これは10代の髪型やメイクを一生続けることがまずありえないことや、初彼氏と一生添い遂げることがほぼありえないことに似てますよ。

何だって、色々な経験を重ねるほどに、自分に合うスタイルってつかめてくると思う。「合わない」は発見に過ぎず、恥じることじゃない。

で、あなたはいまの仕事、相性が良くないのかもしれない。というのも、

〈上司へ送った謝罪のメールを、次の日まで怖くて開けられない〉

という状況。

これ、あなただけの問題ではなく、その上司による普段のコミュニケーションにも問題ありそう。ほかに相談できる同僚がいないのも気になるし、その「いまの環境」があなたの心を窮屈にしてる可能性も高い。

社風か、立場か、業務なのか、何にせよ相性が悪い場合は、何をどうしてもまるで自分が「仕事できない」かのように感じてしまい残念。

そういうミスマッチが起きないために就活ってあると思うのだけど、働いてみないとわからないことってあるし、私も2社働いてはじめて、相性見えてきた感じある。

いまの小さな世界にとらわれず、実際転職するかは別としてエージェントに登録して相談してみるだけでも、視点変わってありだと思うよ。

コンディションが悪い

長くなったけど４つめ。

３つめに似てるけど、「コンディションが悪い」という場合もありうる。

たとえば、同じ人でも、雨だったり疲れが溜まっていると、集中できなかったり、時間帯によって向いてる業務が全然違ったりすることもある。

私の場合、執筆業務は日が出ているときしかできないので、夜はメールの返信などしかしないことにしている。昔は「夜全然集中できない自分、ダメだな」と落ち込んでいたのだけど「私はそういう性質」と割り切ってからは無駄な自己嫌悪がなくなった。効率の良い、「自分の使い方」を知ろう。

つまりつまり、ここまでのすべてをまとめると。

あなたは仕事でのパフォーマンスがうまくいかないことについて、「全部自分の内面のせい」と決めつけてるけど……そうではなく、全部、無知と環境のせいだと思う。

自分のせいにするのは、それらのテコ入れしてからでいい。

さいごに

〈たとえば幼児性愛者が幸福を追求すれば、被害者が生まれるんです〉とのことだけど、そんなことないと思う。

幼児性愛者の本質的な幸福追求とは、自分の心の屈折を克服もしくは受容した上で、被害者を出さない「愛」にたどり着けることなんじゃないかなあと思う。

よって繰り返すが、幸福追求してはいけない人なんていない。

あなたが追求したいなら、どこまでも追求できる。

Q.03

一度はブラック労働で心身を壊したけど、もう一度チャレンジしたいのですが…

（まみ・31歳・女・研究専門職・ややメンヘラ）

もうどこも雇ってくれない気がします

このたびは仕事のことでご相談したいです。

私がはじめに就職した会社は、知名度もお給料も高い一流企業でしたが、たまたまその当時の配属部署の上司や先輩がブラックでした（心身を壊す人や、自殺未遂者が何人も出ている）。

私は自分の守り方や守る権利を知らず、もっとがんばろうと追い込み、心身を壊しました。過労死寸前に精神科医に支えながら退職しました。退職のときは上司にとても怒られました。

はじめに就職した会社は、私のやりたいことに近かったのですが、次にすぐに同系列の内容の部署には就職できず、少し違う内容で働き、成果も出しました。

数年して、完全に弱って狂ってしまった精神状態も少し落ち着き、やはり自分のやりたい方面の仕事をしたく、転職活動をしています。

しかし、はじめに就職した会社を辞めたこと、2度目の転職のこと、次に違う内容で長く働いたため、違う内容の専門家に見られること、はじめに就職した会社の上司が私のやりたい方面に関してかなり有名人で力もあることなど、色々あってなかなか希望の方向に舵を切り直すことができません。

端から見れば、ひとつのことをやり遂げられず、すぐにコロコロ変え、違う部門の専門知識や経験しか多くない転職中の私を取りたいとは思わないと思います。

どうやって舵を切り直せば良いでしょうか。

A.03

なんでも鑑定団

「なんでも鑑定団」してる気分になる。

壺の裏の裏の重要な刻印の跡をルーペで見つけようとするがごとく、相談文の一字一句に残るわずかなメッセージ探す私、最近Ｍａｃに顔近付けすぎてブルーライト浴び放題。満を持して鑑定団風ＰＣメガネ買った。

おばけ悩みはゴールがない

念のため「転職活動をしています」といういまのステイタスをもう少し、ルーペで細かく読み解くと……「転職サイト登録したものの面接には踏み出せてない」とかだよね。

受けてても1、2社という印象。「色々あって」採用されないだろうな、と思ってしまいその先に進む勇気が出ない（もし本格的に面接受けて自分の弱点見るなら、もう少し「面接でうまくアピールできない」とかそういう、採用現場での悩みのほうが出てきそうな気がする。あなたの言葉からは、悩んでる場所は現場ではなく自宅に感じる）。

この前提で勝手に進めます。

まず悩みには……「おばけ悩み」と「リアル悩み」があると思う。

おばけ悩みとは、現実に起きていないことに対する悩み。たとえば……、
・「夫の海外転勤が決定したけど、駐在ママ軍団にいじめられたらどうしよ」（31歳友人）
・「ｎｏｔｅ始めても誰にも読まれない気がする……書くかどうしよ」（スイスイのある知人）
・「まだ転職活動本格的にやってないけど雇われない気がする」（あなた）
とか。

一方リアル悩みは、現実に起こった出来事に対する悩み。たとえば……、
・海外赴任してみたら○○さんというママとだけ気が合わない。どうしたらいいのか。
・ｎｏｔｅ書き始めたけど反応良い記事と全然良くない記事がある。どうしたらいいのか。
・転職活動で面接受け出したけど、実技で毎回落ちる。どうしたらいいのか。
とか。おばけ悩みは壁にぶつかっているようで、実際は壁が目の前にないので、打破しようがない。

それを解決に近づけるためにはまず「行動」し、おばけ悩みを実態のあるリアル悩みに進化させる必要がある。

リアル悩みでぶつかる壁（どんな壁か、いくつあるか）を認識しないと、「どう解決すべきか」悩みようがない（もちろん行動してみて壁が何もないと気づくことも多い）。

つまりあなたの場合も、状況を前に進めたいならば「面接受けまくってみる（行動）」しかない。

だけど、それがどうしてもできないんだよね。不安だから。わかる。私自身おばけ悩みの亡者だったから。

ではその不安はどうやったら取り除けるのか書くね。

・・・すべての不安は○○から来る

おばけ悩みでいくつも不安溜め込み、不安癖が染み付いていた私。

それはもう幼少期からそうで、社会人になってても自分に自信が持てず「飛び込み営業してもどうせ拒否される不安……」と挑戦する気すら失いがちだった。

だけど入社数ヵ月後、お告げのような「ある言葉」を知り、おまじないのように意識しはじめたら、不安癖がなくなっていた（私は本当に人の言葉に影響されやすい）。

その言葉とは。その頃誰かがテレビで言ってたのだけど……（こんなに煽ったくせに出典脆弱《ぜいじゃく》）。

「すべての不安は準備不足から来る」だ。

その言葉はガッチリ脳に貼り付き、それ以降不安になるたびに毎回「準備不足では？」と自分を煽るようになった。

そしてそれから10年経つけど私個人の経験上、本当にすべての不安は準備不足から来てた。

飛び込み営業が不安な私は、できる準備は一体なんだろう？　と考えクライアントである店舗のWebサイトはもちろん、スタッフや社長のブログ過去分を全部読み込み、インタビュー記事などあればそれも全部目を通し、自分の中で絶対に伝えたいことをA3の紙に手書きで事前に全部書いた上で、飛び込み営業するようになった。

そうしたら飛び込むことを怖がる理由が逆にな

い（断られても、断る理由を聞いて次にそれを解決する準備していけばいい）という状態になってどんどん売れるようになった。

未経験でコピーライターへの転職活動したときも、経歴がないだけで書類審査落とされないよう、履歴書の他にA３用紙３枚分自己アピールつけて送ったし、営業時と同じくその会社やスタッフ、取引先に関して手に入る情報は全部集め合計20時間くらいは目を通し、何を聞かれても何でも答えられるよう準備した。

私自身にはもともと特別な才能や経験はなかったけど、「こんなに準備した」という経験だけは、底なしの自信をくれたのだった。

・・・自分の鑑定団

次。あなたは自分の価値をかなり低く見積もりすぎている。もっと本気で鑑定しようとすれば、あなたの価値はいかようにも見つかると思うのだ。

たとえば、

・メンタルの問題も克服することができたこと（メンタル崩す人の気持ちも理解できる）
・興味のないと思ってた分野にも手を抜くことなく挑み、結果まで出せたこと
・違う部門の専門知識まで持っていること
・一度挫折したのにまた挑戦したいほどこの仕事が好きなこと

などなど、あなたは、あなただけの貴重な強みの宝庫。それなのに自分のことを〈ひとつのことをやり遂げられず、いらない専門知識や経験し

かない私〉とだけ決めつけるなんてあまりにも、もったいない。

　自分を正しく鑑定できるのは自分しかいない。「自分のことは自分が一番わからない」ともよく言われるけど……最近特に、そんなことなくない？　と思う。

　もちろん客観的な視点で自分を把握することは、本人にとって難しいかもしれないけど、自分の内側で起こっていることに関して把握できるのは自分しかいない。

　結果がすべてとも言われるけど、その結果に至るまでに陰でしてきたことや、その時々で心の筋肉どれだけ使ってきたかこそ、その人の真価や適性を知るのに重要なことだと思うのだ。

　そんな、あなたにしか把握できないあなたの価値をもっと掘り出してほしい。それでも経歴が不安ならば、そのブランクを埋めるためにどこか講座に通うとか資格を取るとかで補い「準備」を徹底したらいい。

　自分の内面の動きを観察することは集中力もいるし面倒だけど……私自身「私を一番わかってるのは私」と思えるほど自分と向き合えてからのほうが、人生における迷いは減った。

　最も信頼すべき鑑定団は自分。たとえば今後、友人や家族に「やっぱり慣れてる分野を続けたらいいんじゃない？」と言われても、自分が信じる価値を高め、胸を張って前に進んでほしいと思う。

　あなたの強みは、荒波を乗り越えながらも、最終的には自分の幸せを追い求める航海がしたい、と思える潔さ。

　舵なんて切らなくても理想の追い風を、自分で生み出せる人だと思うのだ。

Q.04

入籍して4ヵ月でセックスレス。新婚なのに泣いてばかりいるのですが…

（ゆう・27歳・女・事務職・ややメンヘラ）

セックスレスが原因ではない？

スイスイさん、こんにちは。いつも拝見しています。

毎回スマートニュースで見られる最新記事を無料で見ていたのですが、モヤモヤが晴れず、スイスイさんの過去の記事に解決策はないかと、このたび会員登録をしました。

共感できる記事も多数ある一方で、自分の結論を出せず、いまお悩み応募しています。

私の悩みは、夫に愛されている感じがしないということです。

20代後半、入籍して約4ヵ月、先週結婚式を挙げました。ふと気がつくとスキンシップが減り、毎日一緒に入っていたお風呂もなくなり、セックスも2ヵ月ほどしていません。新婚なのにとても寂しいです。

でも夫には言えず、ずっとモヤモヤしていました。

入籍してからは、毎週のように泣き、理由がうまくわからず、いつも温厚だった夫についに「異常だろ」と怒鳴られてしまいました。

結婚式の準備などが重なって、いまだけ精神不安定なのだろうと思っていたのですが、結婚式が終わっても、まだ泣いてしまう日があります。

泣いてしまうと頭もぐちゃぐちゃで、自分でも自分の気持ちがわかりません。

昨日も夜中に泣いてしまいました。どうしたのかを夫に聞かれ、ひたすら泣いた結果、2つ理由を挙げました。

1つめは、いままでは友達や家族がいつでもいたし、同じように好きなことを分かち合えたけど、いまは夫ばかりで同じ温度感でそれができない。2つめは、チヤホヤされたい思いがあり、今までは男友達と遊んだりして、それを満たしていたが、それが一切なくなった。

泣きながらこれを話して、いままではセックスレスで悩んでいたと思ってたのですが、同じようなことをプロポーズされた1年前にも思い、半年プロポーズを保留し、モヤモヤしていたことを思い出しました。

だから、レスが原因ではないのかなと、自分でも何が解決されたらスッキリするのかわからなくなりました。

彼の反応としては、想像していた悩みと違って驚いたようでした
そう感じてしまうなら仕方ないと言いつつ、寝る前にボソッとがんばるねと言っていました。

私はどうしたらいいのでしょうか。

A.04

新婚あるある

今回の相談、結婚生活（特に新婚生活）における、ありがちな罠に引っかかってる気がする。

まだ結婚8年目の私だけどド参考になる話書ける気がするから聞いてね。

シンプル解決策はこれ

今回、シンプルな解決策は明確。

「抱えている欲求をストレートに満たす」だけ。

・友達や家族と好きなことを分かち合いたい

・男友達にチヤホヤされたい

という2つの欲求を、ストレートに満たせばいい。各担当者、つまり友達や家族、男友達と。

でも、それができないのが問題。

なぜできないのかというと、2つの罠にかかってるからだと思うのです。

・自己矯正の罠

・マルチ夫への憧れ罠

順番にいくね。

自分ルールに縛られる

1つめは自己矯正の罠。

もうすこし平たくいうと、自分ルールに縛られ、自分を矯正してしまう罠のこと。

その罠にがっしり引っかかっていた数年前の私の話からしたい。

第一子を出産してすぐ夫の実家で義両親との同居生活が始まったとき、私は、監獄に入れられたようだと感じていた。

・平日子どもと出かけても、16時頃までに帰ってこなくてはいけない
・どこに出かけるか義両親に報告しなくてはいけない

・義両親に子どもを預けるのは最小限にしなくてはいけない
・子どもは起きてすぐ着替えさせ、私も朝起きたらすぐ着替えて化粧など身支度をしなければいけない

……などなど、数々のルールに息ができなくなりそうだった。

だけど、ここことても重要なのだけど、なんとなんとそんな数々のルール、実は、誰からも、課されたことなかった。

義両親は嫁である私が気を遣わなくていいように何ひとつ小言も言わず、もちろん帰宅時間などの報告も求めず、子どもも週何日でも預かってくれるパーフェクト神だった。

夫に関しても、家事など含めて強制など一切なく、土日も永遠に出かけていいよスタイル。実際の私は、完全に自由だった。

では、なぜ私は追い詰められていたのか。

自分で勝手に「嫁とは」「母とは」「妻とは」のイメージを意識しすぎ「こうあらねば（もしくは、こうあってはならない）」の「自分ルール」に縛られ、それを守ることに追い詰められてたのだ。誰からも言われてないのに、先回りで気を遣いすぎ、自作の禁止事項を作っていた。

これ理解できない人もいるかもしれないが、根がド真面目なメンヘラあるあるだと思う。

あなたのことに話を戻す。

あなたも結婚後、

「家族や友達と過ごしてはいけない」

「男友達と会ってはいけない」

なんてルール、もしかして旦那さんから一度も言われてないのでは？

さすがに「セフレとやりまくる」とかだとＮＧだろうけど、たとえば男友達と肉体関係抜きのごはんとかだったら、はっきりＮＧなんて言われてないんじゃない？

それＮＧっていう夫だったら交際時からＮＧ出す気がする……。

つまり、結婚後突然ＮＧになったことなんて、実際そんなにないのでは？

家族と友達とまったく会えないほど遠い地域に引っ越したならまだしも、そうじゃないとしたら仕事帰りとか休日のどこか、全然（月３とか）会えるよね。

だけどあなたは勝手に「妻」という役をまっとうしようと自分を縛り、自主的にライフスタイルを矯正しているのでは。

「家庭のため」という前提の矯正により、蓄積してしまったイライラを、家庭にぶちまけてしまうという、誰得地獄サイクル。思い込みの自己ルール、じっくり取っ払う練習しよう。

世間一般の「夫婦ルール」はできるかぎり剥がした上で、自分が本当に理想とするライフスタイルを整理してほしい。そしてあなたたち独自の夫婦間ルールをリアルにすり合わせて欲しいと思う。

ただし、下心のある要件が必須の場合、それそのまま夫に確認したら当然ＮＧなので、そこは徹底的にごまかしきって遂行するのもアリ。

つまり中途半端にせず、徹底的に「すり合わせる」か「ごまかしきる」かどっちかに振り切って。

・・・マルチ夫に憧れる罠

次の罠。実は今回最も伝えたいこと。マルチ夫に憧れる罠です。

繰り返すが今回の悩み、抱えている欲求を〈〝各担当者、つまり友達や家族・男友達〟と満たせばいいだけ〉なのにあなたはそれができない。

それは、「マルチな（複数の）役割をこなせるのが夫」だと思い込んでいるからでは。

というのも今回の相談文で不可解なところがある。それはあなたからの、

「友達や家族と好きなことを分かち合いたい」

「男友達にチヤホヤされたい」

という欲求に対する夫の答え「がんばるね」である。

これまじで、夫が一人でがんばるべき案件じゃない。

結婚したら、家族や女友達・男友達が担っていたすべてを、〝夫に〟引き継ぐべきなのだろうか？　そんなわけない。

それぞれの関係性でしか得られない感情や体験もあるのだから。

あなたは「理想の夫婦像」を漠然と掲げるなか、夫にマルチな役割を求めることを当然としすぎているのかも。夫も夫でマルチ夫目指しすぎ。目を覚ませ。

何からか。世間の、マルチ夫信仰から。

・・・ハイパーおしどり崇拝

ここ数年、ＳＮＳで崇拝されるイマドキ夫婦像を観察してきて、思った。

ＳＮＳ映えする夫には、マルチな要素が必須だ。

従来の「夫」としての役割だけを担うのではなく、幼馴染みみたいにその日の出来事何でも話せて、サークル仲間みたいに趣味も共有できて、同

級生みたいに好きな音楽共有できて、新卒同期みたいにキャリアについても議論できて、女友達みたいにファッションも一緒に楽しめるやつ。

つまりはハイパーおしどり夫婦的な。

まあ1つ2つは、いろんな役割を兼務してくれるほうが、生活の効率はいいと思う。

が、この連載に多くいただく夫婦系の相談からも感じるに、昨今夫へのマルチ要求が過剰な気がするのだ。「良い夫婦像」をマルチ夫ありきと思い込みすぎてるというか。

ちなみに我が家の場合、夫は何役なのか。人生のパートナーという大きな役割は大前提として、改めて具体的に考えると、生活費獲得役、セックス役、父親役（子どもと遊ぶとか一部家事はここに含む）以上！ であり、私の出来事や仕事の話なんてほぼしない。

もはや主にセフレである。でもそれでちょうどバランスが取れているので夫婦関係かなりうまくいってる感ある。

と涼しげに語りつつ告白するが、新婚当初、私こそ激しくマルチ夫を求めていた。

インスタ映えなハイパーおしどり夫婦を憎いほど崇拝しすぎ、友人役や趣味仲間役、相談できる上司役を押し付けようとした。ふつうに無理だった。

あたりまえだが夫も人間であり、役の向き不向きがある。夫はアバターじゃない。

しばらくしんどい期間を過ごしつつ、私たち夫婦は価値観が違うからこそチームとして成り立っていると気づいた。

それから5年くらい経つが、かつて夫に集約させようと必死になってた窓口は分散しまくっている。

雑談や悩みは気の合う友達に話す。趣味は趣味仲間と楽しむ。承認欲求は仕事で得る。

行きたいイベントは夫を置いて単独で行く。など適材適所で欲求を満たすようになった。

もちろん子どもの話はするし、夫の毎日の話はおかしいので私からかなり聞くし、家族で出かけたりはするけど、完全「おしどり」なんて目指さなくても幸せな夫婦の形は無限とわかった。

・・・わかってほし子

と、ここまでは私の反省文。

あなたも、まず夫以外で満たせることは夫以外で満たそう。

そしていまのうちから新規窓口も開拓しておいたほうがいいと思う。

特にあなたの場合。

〈毎回スマートニュースで見られる最新記事を無料で見ていたのですが、モヤモヤが晴れず、スイスイさんの過去の記事に解決策はないかと、このたび会員登録をしました〉

という超如実！　な説明の感じから受けるに「思ってることや起きた出来事、自分のこと、如実にわかってほしい！」部分が多めな〝わかってほし子〟なところあるかも。

「男友達にチヤホヤされたい」なんて爆弾を、馬鹿正直に夫に伝えてしまったのもこれに通じるかと。

そういう人はより一層、死活問題として、なんでもない私の気持ちわかって！　と言える「わかって窓口」2、3人は作っておいたほうがいいと思う。

環境変わっても連絡できるようオンラインでやり取りしまくれる相手がベスト。

自分の高めな「わかって欲」をちゃんと認識しうまく飼いならせば、わかってわかって！って爆弾を夫に集中攻撃させせなくなると思う。

・・・セックスレス

そして最後に。

「実は悩んでない！」とあなたが思い込もうとしてる、セックスレス問題に関して。あなただからこそ伝えたい私の最近の気づきを書く。

セックスレスって各々の体調や年齢や性欲やホルモンバランスや色々関係すると思うので一概に「これで解決！」と示せない難題だとは思うのだけど、セックスレスを避けるための絶対条件って「夫婦それぞれが機嫌いい」なんじゃないかなと思う。

セックスって結局「体を使ったコミュニケーション」でお互いが相手と「関わりたい」と思うことが必須だと思う。

で、自分に対して不満を持っていたり、自分にまつわることでイライラしているんだろうなと思う相手と、わざわざ「関わりたい」って、人は思わないと思うのです。「あなたに対してイライラし続けてるけどひとまず夫婦なので体だけは求めて」って無茶というか。

なので、セックスレスで悩んだとき「セックスレス　夫　誘いかた」「セクシー　下着」などと検索する何より前に、まず、ベースとしての関係性を良好にしないと、それすっ飛ばしてセックス！　とはならない。

いまあなたは「何から手をつけていいかわからない！」と混乱してると思うけど……まずは目先のセックスより、あなたと旦那さんそれぞれが機嫌よく関わり合える日常を構築することを優先して考えたほうがいいと思うよ。

　ということで一人だけで解決しようとせず、二人の問題として話し合い、色々試してみてください。ところで、この彼が私に相談くれるとしたら、どんな内容になるんだろう。

Q.05

交際を隠し、大事にしてくれない彼と別れたのに、諦めきれないのですが…

（ちょび・24歳・女・会社員・ややメンヘラ）

交際を隠したい彼

約2年振られ続け、片想いしていた4つ年上の彼。1年3ヵ月の交際の末、残念ながらお別れしました。以下、別れに至った経緯です。

1．彼が交際をまわりに隠したがった

「大学時代付き合っていた人と別れた後、同級生たちにそのことについてさんざん言われたのが嫌だった」という理由で、付き合っていることを絶対に言いたくないと言われていました。

　私もひけらかしたいわけではありませんし、彼と共通の友人が多いので知られたときの面倒さもあったのですが、知られていないが故の面倒さ（他の男にデートに誘われる等）のほうが自分にとっては負担だったため、隠させないでほしいとお願いしましたが拒否されました。

　ちなみに「結婚したら隠さない」とは言っていましたが、「現時点では結婚する気はまったくない」とも言われました。

2. 隠しているが故に防げなかった事件

先月、彼と共通の知人Aに飲みに誘われ「複数人だからいいかな」と思い参加したのですが、他の人が席を外していたり目を離したりしている隙に、Aが私にキスしたり体を触ってきたりしました。私は彼氏がいますし、そもそも彼氏がいなくても触られたくないような相手だったので非常に不快で、やめてほしいと何度も言いましたがまったく伝わりませんでした。

Aは私に彼氏がいることは知っていましたが、その彼氏が自分の友人であることは知りません。私はAに触られながら「私の彼氏が自分の友達だって知ったら驚いてやめるくせに……!」と思いましたし、あまりに触られるのが嫌だったのでここで公表してしまおうかとも思いましたが、「彼との約束を破ることになる、それで彼に嫌われたらどうしよう」と思い、結局何もできず好き放題されてしまいました。

3. 彼が気持ちを察することが苦手

「2の事件を彼に話したい、慰めてほしい」と思いましたが、話そうとしたところ嫌なことを思い出してしまい、何も言えないまま彼の目の前で泣いてしまいました。

彼は一人で泣いている私に寄り添うでもなく、どうしたのか聞くこともなく、ただ黙って不機嫌そうにしていました。その姿を見たら余計につらくなってますます泣き、その私を見た彼はさらに冷たくなり、ついに彼は私に背を向けて寝てしまいました。

私はその背中を見てどうしようもない気持ちになり、ベランダ(7階)へ出てフェンスを登りましたが、彼が慌てて起きてきて止められました。

しばらくして「こういうときにどうしたの？ と声をかけてあげるのが優しさなのだろうとは思うけど、「そういう受けの姿勢が嫌い」「甘やかしちゃいけないと思った」「どうしてほしいのか言われてないから何もしなかった」と言われました。

4.私の自己評価が低い

私は自分で自分の価値を低く感じてしまうことがつらく、どうにか改善したいと模索していたのですがあまりうまくいっていませんでした。今まで彼に大事にされていないと感じる問題が起きると、私はどうしても「自分に原因があるのでは、求めすぎなのでは」と考えてしまっていたのです。

しかし今回1～3の件を受けて「やっぱり私は大事にされていない！　求めすぎていない！」と思い、それを彼に伝えました。

すると彼は「僕は君が好きだし大事にしてる」「気持ちを察せたらいいとは思うけど僕には難しい」「そもそも自分の価値は自分で決めるものなので僕の行動とは関係ない。自分の価値を自分で決められるようにならないのは甘え」と言いました。

これがかなり頭にきて、「大事にしてるつもりかもしれないけど、私はそうは思えないし何なら不愉快」「自分の価値を自分だけで決められたほうが良いのはわかってるけど、誰でもできるわけじゃない、苦労しながらどうにか改善したいと努力してる」「そもそも私が自信をなくしたり悲しんだりするのは、あなたが相手のときだけなんだから、あなたから離れれば解決するかもしれない」と言い、別れを告げる結果となりました。

以上、別れに至った経緯でした。

今回スイスイさんにご相談させていただきたい悩みというのは、これだけ長文で彼に対する文句を書き連ね、何が嫌だったかまで具体的にわかっているにもかかわらず、「私がまだ心のどこかで彼をあきらめきれていない」ということです。

これまでも何度か揉め事はありましたが、その度に少しずつ彼が改善されていくのを見てきたからというのもあります。「もしかして私が根気よく粘っていたら続いていたのではないか」「やはり私に問題があったのではないか」などと考えては毎日苛《さいな》まれています。

気分転換に趣味の集まりへ行きたい気持ちもあるのですが、彼とAが必ずいるので楽しめそうにないですし、そもそも顔も合わせたくないしで行きづらいです。しかしAはともかく、彼に関してはわざと顔を合わせることで「一人でも平気な私」をアピールしてやりたいという気持ちもあります。

過去のスイスイさんの記事を読んで、プレゼントを処分し、彼のSNSを断ち、7ヵ月経つまでは自分を甘やかそうと決めました。あとは時間に解決してもらうしかないのだろうと思いつつも、やはりどこか未練がましいというか、「いつか現れる、私のことを大事にしてくれる彼」という空想上の人物にとらわれてしまっている感じがします。

どのような心持ちで過ごしたら負担が軽くなり、彼への未練を断てるでしょうか?

A.05

この恋愛は宝探し

今回書きたいことが多すぎて、質問への回答は必要最低限にします。

Q．どのような心持ちで過ごしたら負担が軽くなり、彼への未練を断てるでしょうか。

A．いま実践してる通り、彼を断ち続けるしかないと思う。2年も片思いしたし未練は残るだろうけど、二人がとことん合わなかったのは事実。お互いのためにもここで別れて大正解かと。

なので〈わざと顔を合わせることで「一人でも平気な私」をアピールしてやりたい〉はやめたほうがいい。以上。

ここからは重要な宝探し。今回の相談文、宝の地図すぎ。あなたの今後を明るく切り開くヒントざくざくなので暴いていきたい。

・・・彼はそんなに酷いのか？

まず、「彼は本当に酷いのか？」を検証するコーナー。これは意地悪ではなく今後のあなたにとって重要な検証となるはず。

あなたが「ひどい」と感じた点まとめると。

・交際を隠したがった
・泣いているのに放っておいた
・放っておいた理由が「甘やかすべきじゃない」

など冷徹

・彼の態度により自己肯定感が下がると主張したら「自分の価値は自分で決めるべき」とまたしても冷徹。

という感じだよね。あなたとの相性が最悪なのは明確。確かに、もう少し寄り添ってほしいよね。ただ、人間としてひどいかというとそうでもなく、相性の問題かと。「脱メンヘラしたい彼女」にとっては最適な要素も持ってると思うのだ。

過保護コース VS. 自立促進コース

たとえば「理由も言わず泣き続ける彼女」への対応コースって、極端に分けると2つかなと思う。

①過保護コース（メンヘラホイホイ）

泣いてる理由・心の傷・こちらのしてほしい行動などに寄り添いケアしてくれる過保護コース。乳幼児のごとく、面倒な言語化も必要なく、自分の心を丸投げ可能。

②自立促進コース（あなたの元彼）

干渉してこない。ある程度は自力でなんとかしなくてはならない自立促進コース。自分が何に傷つき何を感じ何を求めているのか、自問自答し、言語化もしなければならない。丸投げ不可。

実際はこの間を取ったくらいがちょうどいいと思うけど、あえて決めるなら、あなたが求めるのは①だよね。かつてメンヘラ全盛期だった私が求めてたのも①。

なぜなら私たちは「どれだけ過保護な態度を取ってくれるか」こそが「どれだけ愛されてるか」の目安だと本気で思ってたから。

だから、メンヘラだった私もあなた同様、②な人のことは冷徹と感じてた。

だけど脱メンヘラしてからの私は、②のことを冷たいだけではないと感じている。

なぜなら私自身、息子への態度が②なのだ（ついでに言うと私の夫は常に②）。


私は、息子が理由も言わず泣いて何かを察してほしがってるとき「何か求めてることがあるなら自分の頭で考えて具体的に伝えて」と言語化を促すことを徹底している。

逆にどうでも良い他人の子供には①で「何があったの？」「よしよし」と過保護モード。

なぜそうするかというと、我が子には成長してほしいから。ある程度自分で自分の機嫌を取れるようになれば「察してくれる」なんて誰かに外注しなくても自分で自分のケアができ、効率良くハッピーでいられる。

手放しで泣いてるだけでは弱っていくが、傷ついた自分自身にきちんと向き合えば、強く楽しく進化できると思うのだ。

で、いまあなたが望んでるのがその真逆。弱く退化していくメンヘラ恋愛。自立せず依存しあうことで、乳幼児のように原始化する自分たちを楽しむやつ。

違う言い方をすれば、2人だけの世界のとてもピュアで濃厚な恋愛。これはこれで最高の最高だから、これを選ぶのもまったく間違いじゃない。が、一生こればかり繰り返しているとしんどい。

全然親離れできない子どものように、一生メンヘラホイホイに依存しなくてはならなくなり、相手に対し常に「察してくれるかどうか」を審査し余計な苛立ちが増える。純粋に人として成長しづらいのも残念。

ということで。そのまま過保護モードを求めるよりは、少しずつ自立モードに近づきつつ、相手への期待内容も変化させられれば、より幸せをアップデートできると思う。

●●● 気まずくなりたくない

と、ここまでで既に長くなったけど、なんとここから大重要です。

この相談文で最も気になるレーダー作動したのは、実はかなりの冒頭だった。

交際をオープンにしたいあなたの言い分。

〈彼と共通の友人が多いので知られたときの面倒さもあったのですが、知られていないが故の面倒さ（他の男にデートに誘われる等）のほうが自分にとっては負担だったため〉というところ。

まわりに知られるより、他の男にデートに誘われるほうが、負担という衝撃部分。

さらに中盤、A君との出来事に関して、〈私はAに触られながら「私の彼氏が自分の友達だって知ったら驚いてやめるくせに……！」と思いましたし、あまりに触られるのが嫌だったのでここで公表してしまおうかとも思いましたが〉とのこと。

……確信した。

あなたはものすごく「相手の心」や「場」を乱すような意思表示が苦手なんだよね。

〝彼氏がいるから〟〝あなたの友達と付き合ってるから〟など第三者を理由にして拒否することはできるけど、自分を主語にした拒否があまりにもあまりにもストレス。

即結論に進むけど、たぶん理由は「他人と気まずくなりたくない」からじゃないかな。メンヘラあるある、八方美人問題。

八方美人問題

メンヘラに八方美人は多い。

基本的に気を遣いすぎる生き物で、嫌いな人がいてもはじめからはっきり拒否できず、何だかんだいい顔をしてしまい余計に事態を複雑化させるケース。

今回のAとの状況。個室でも、二人きりでも、知らない相手でもないから、まわりが気づくくらいの声を出したりトイレに立ったり「ちょっと体調悪くて帰る」と言えば事件は途中で防げた気がするのだけど、それで場の空気を悪くするのがストレスすぎたのでは。

それどころかAと決定的に気まずくなることさえ嫌だよね。だから消去法で、好き放題されることを選んだのでは。

本当に嫌なら今後、Aのいる場所なんて絶対に行かず、SNSもはっきりブロックして、もし偶然飲み会の場に居合わせてしまったら席変えて、途中で帰って。

それすらできないなら本当に危険なので、スタンガンとか警報機とか持ってたほうがいいと思う。

人類全員全方位360度にいい顔することは無理。関わりたくない人なら、気まずくなってもいいし嫌われてもいいと、そろそろ割り切らないと自分で事態をややこしくし続けてしまうよ。

真実が自分でもわからない事件

さらにもうひとつ。あまりにも引っかかるこの一文も見過ごせない。

〈先月、彼と共通の知人Aに飲みに誘われ「複数人だからいいかな」と思い参加したのですが〉あなたはもともと、Aが自分に好意を持っていると感じていたのでは。二人で飲みに行こうって誘われたこともあるのでは。

だから彼のいる飲み会への参加には「複数人だからいいか」という言い訳が必要になったのでは。

触られること自体は、物理的に本当に嫌だったのだと思うけど心理的には「他人からの好意」を求めていたのでは。

だから今後、Aも彼氏もいる趣味の場に出向き二人の反応も見てみたいのでは。

もしもそうならば、その欲を認めたほうがいい。そうしないと、まさに私がそうだったけど、たとえ半分自作自演の事件でも、本気で悩む癖がついてしまうよ。

ということで。連載史上もっともシンプルに最後まとめます。

あなたの今年のテーマは「自分の気持ちを自分で観察」にしてみてほしい。

いまでもモテ倒してるあなたの魅力を、20代後半に向け爆上げし続ける鍵は、間違いなくここだと思う。

Q.06

友情を値踏みしてしまう、自分が恥ずかしいのですが…

（しおぴ・30歳・女・会社員〈育休中〉・ややメンヘラ）

単刀直入に言うと、私は友情を目で見えるものでしか測れず、かつ、思考が小学生女子で止まっています。

たとえば、先月私の誕生日だったのですが、ある友人からおめでとうLINEが来なかったので（自分は送った）来年は、その子に送るのやめようかな、とか。

4人グループで仲良い友人のうち、2人が個別に会ってたりすると、何で誘ってくれなかったんだろー、と思ってしまう、とか。

こないだ私と会ったときの写真はアップしないのに、他の（私の知らない）友達との写真はアップされているのを見て、モヤモヤする、とか。

赤ちゃんが産まれて、私より先に他の友達と会っているのを見て、モヤモヤする、とか。

結婚や出産のお祝いをあげても、内祝いがないのって何で？　とか。

私たちって、親友って言っていいの？　違うの？（スイスイさんは親友という言い方、嫌いと仰ってましたよね？笑）とか。


いま初めて文字に起こしていますが、改めて稚拙というか、こんなことで悩む私って……！と思ってしまいました。

このようなことで悩むようになったきっかけとして、自分の結婚式のときに友人スピーチをしてもらってから、あれ、私ってこの先友人スピーチ頼まれること多分一生ないな（そんな風に思ってもらえる友人欲しい）って思ったことが一端にあると思っています。

そもそも友人関係は、測るものではないのはわかっています。

そのように測ることでしか保てない（？）友人関係しか築けなかったことを、寂しく、虚しく、少し恥ずかしい気持ちも感じています。

こんな風に挙げましたが、毎月のように定期的に遊ぶ友人もおりますし、みんな私の大事な友人です。

自分としては、もっとフラットに軽く、物事をとらえられるようになりたいです。

A.06
わかるわかるわかるの歴史

この悩み、大多数の女子陣が共感できるのでは。恋愛だけじゃなく、友達とも両思い願ってしまうよね。

私も昔はあなたのように、友達の一挙一動に、「私のほうが友達レベル低いの?」と傷ついてた。大好きな友達には、こっちがしてるのと同等の格付けをされていたかった。と、過去のように言ってるけどいまも割とそう。

お正月、大好きな友達に、私から「今年も愛してる!」ってメッセージ送ったら相手から届いた返事は「今年も愛されるわ!」だった。

それ見た瞬間「え……?　愛される?　愛すのは私だけなの?　両思いじゃないの?」って5トンくらいの重さで心、地底に埋もれた34歳です。

だからまあ同じくらい愛されたいとか、他の友人に嫉妬するとかは好きなら当然の感情なのではないでしょうか。

ただ現在、そんなやり取りで不安にはなることは一瞬あるものの、それで何日も気になってモヤモヤするとかはなくなった。

前は平気で何週間も気にし続けたけど、いまはせいぜい2時間とか(わりと長い)。

それでも1週間悩んでた昔に比べて、大進化。

ということで今回はまず、そんな経験をもとに「既存友達にしがみつかなくなる方法」をお伝えしたい。

ポイントは主に3つ。
・友達基準をアップデートすること
・友達を見直すこと
・パラダイスを作ること
順にいきます。

友ダチと得ダチ

まず、友達基準のアップデートから。

いまの私にとって、「友人」に当てはまる人は8人しかおらず、そこには2つ条件がある。

1つが、ド本音で話せるぐらい信頼できる相手であること。建前ゼロで関われるのが大前提。もし本人に対して疑問があったらそれをちゃんと晒せる相手こそ、友人である。

2つめは、損得が気にならない相手であること。少なくとも私にとっては、誕生日おめでとうメールを厳密に送らなくていい（こちらの気分で送りたかったら送る）、赤ちゃん産まれたらお披露目とかより落ち着いた頃に赤ちゃん預けて二人でゆっくり会いたい、内祝いとかお返ししないとか気にならないし、こちらのそれも気にされない安心感があるような、そんな相手こそが友人。

で最近そのわかりやすい見分け方を見つけたのだけど……それが「夢の話さえも興味持てるかどうか」だと思った（この「夢」は夜寝るときに見るほう）。

「他人が昨日どんな夢見たかという話ほど、聞くのが無駄なものはない」説はよく聞く。

だって何の得もないし虚構だし。

なのだけど、先日、友達3人でごはんを食べに行った際、気づいたら全員が昨夜見た夢の話をしていて、それに対し全員がそれぞれの夢にあまりに興味を持ち深掘りして何十分も盛り上がっていた。このとき爆笑しながら「ああここまで、まったく得のない相手の話に興味持てるのって、それこそ友達の証拠かも……」と思ったのだった。

長くなったがそれに反して、得があるかないかばかりを重視してしまう友人関係というのもある。夢の話とか絶対興味持てないやつ。

かつて私もその関係を友人関係と思ってたが、いま思えばそれ友達というより「得ダチ」と呼べるのではと思う。損得ばかりきにする関係というのは当然疲れるし純粋に一緒にいる時間がそこまで楽しくない。

私の場合、25歳頃から得ダチを一掃し、本当に仲のいい友達だけと付き合うようになったら、得ダチの一挙一動などどうでも良くなった。

で、ついでに言えばあなたが掲げてる親友基準というのも気になる。

それ仲の良さにはまったく関係ない。

たとえば友人スピーチに抜擢される人は「付き合いが古い人材」でしかないし、インスタに必ず挙げられる人は「インスタ映えする人材」でしかない。影女子会を開催する奴らは「共通の影話題がある人材」でしかない。そんな人材が親友とはかぎらないし、それこそが得ダチな可能性もある。

基準はあなたが決めればいいけど、少なくとも一緒にいてストレスやモヤモヤがあるんだったら、関係を見直したほうがいいと思うのだ。

・・・友人見直しキャンペーン

関係を見直すとはどういうことか。

友人関係で「価値観が合わないな?」「ちょっと、違うな?」と違和感を感じることが増えたら、付き合いの長さに関わらず速攻距離を置くようにするということ。

これぞ人類に必須だと思う、友人見直しキャンペーン。

人は生きている中で変化し続けており、ライフスタイルや年齢の変化と同時に価値観も変わるし、仲の良かった友達と気が合わなくなるのは当然。無理して関わっててもお互いしんどい。しんどいまま惰性で付き合うと、まさに得ダチ化してしまうこともある。

なので定期的に友人を見直すことって必要だと思うのだ。

もちろん既存友人全員切らなくてもいいけど、もうすこし風通しよく、親友との距離は変化させてもいいと思うのだ。お互いのために。


だけどたぶん、あなたは友人を切るなんて発想が持てなかった。

なぜなら。「既存友人だけが自分の価値だと思っていたから」じゃないかな。

まず、あなたはいま自分個人にものすごく自信がない気がする。

だからこそ友達の有無でしか自分の価値を計れない。育休中であるいま、急に社会とのつながりも薄れ、ホルモンバランスの乱れもあり、自分の価値を実感できることが少ないのかも。

さらに、現在30歳であるあなたはここ数年、新しいコミュニティなどほとんど開拓してこなかったんじゃないかな。だから、ここから新しい友達なんてできるイメージがなく過剰に既存友達にしがみついてしまうのかも。

そんなあなたの場合友人見直しキャンペーンの前に、最新自分のパラダイスを開拓するキャンペーン、してほしいと思う。

具体的には。

日常で感じる些細なモヤモヤやワクワクをスルーせず「いまの自分の不快に思うことは何だ？心が満たされることは何だ？」と自問自答しまくることを意識的にしてほしい。

そしてそれを把握できた上で、最新の自分の価値観にあった場所やコミュニティを開拓するようにしてほしいのだ。

100％お子さんのこと最優先になりがちであろう今こそ、意識的に自分個人の感覚にあった場を探してほしい（もちろん子連れでもできることはたくさんあると思うし、オンライン上でもいい）。

それを半年くらい続けるときっと、そんな最新自分の価値観に合う新規友人との出会いも増えると思う。

すると、既存友人とごはんを食べること以外にも楽しい時間があること、新しい魅力的な人たちがたくさんいることを、実感できると思う。

さらにさらに、得ダチの数が減ったとしても自分の価値が損なわれるわけではないということもわかり、そんな関係に極端にしがみつかなくていいと、気付けると思う。

愛し愛される方法

はい、ここまでは「既存友達にしがみつかないで」という話でした。ここからは、20代中旬から私が意識している、友人に愛し愛されるための方法について。

やり方はシンプル。「過剰に愛を伝える」ということだけ。

友人関係って両思いとか本命とか付き合うとかがはっきりないから、わざわざ「あなたは特別な存在」と伝えることが少ないと思う。なのだけど私は過剰に、友人にこそ愛を伝えまくるようにしている。具体的には、

・直球で相手に特別に好きだという
・相手の好きなところを送りまくる
・相手が存在してくれている感謝を伝える

など。

わかりやすいところだと冒頭挙げた友人の誕生日には、好きなところを100個書いたトートバッグを作って贈ったりした。特別な日だけじゃなく、ふとしたメールのやり取りでも、その友人の好きなところとか思いついた分だけ伝える癖がある。

たぶん、あなたの場合、本当は両思い友人関係だとしても相手に、こちらが特別だと思ってることがしっかり伝わってない気がする。

せっかく愛があるならそれを伝えないと、むこうからも「そこまで大事とは思われてないかも?」と誤認されすれ違うこともある。それは残念なので、とにかく好きな相手には惜しみなくそれを伝えた方がいい。

さらに言えば、こちらの特別意識を表明しておくことで、相手もそれをこちらに表明しやすくなるし、もし相手が特別意識を持ってない場合、ドン引きされ、そのズレも早めにわかって良い。

自分の内面を観察するのが得意であろうあなた。あなたならではのパラダイス構築してね。ち

なみに、私が昨日見た夢は花屋の隅に追い詰められて深めに刺されるやつでした。

Q.07

彼氏がオゴってくれなくて不満です……

（アマさん・30歳・女・ややメンヘラ、お相手：ややメンヘラホイホイ）

オゴってくれない彼氏にメンヘラが爆発してしまう

スイスイさん、いつも楽しく拝読しています。

今回は、思い切って相談したいことがありメールを送ります。

私には、同い年の彼氏がいます。彼は基本的に週のほとんどを自宅で過ごし、自炊をし、友達も少なくお酒も飲まない。

昼過ぎに起きてずっと家で本を読んでいる生活なのでお金がかかりません。

また、フリーランスで活動していて、自分の興味のあることしか仕事をしません。

そのためお金は全然ないけれど、私のワガママを優しく聞いてくれます。

ただ、知り合ってもうすぐ2年、私のワガママレベルが最近上がってきているように感じます。

原因を色々と考えました。

1．彼が結婚や同棲など、将来のことを考えてくれない。聞いても、「先のことはわからない」の一点張り。お金の問題もあるし、かといって稼ぎたい欲もない。

2．デートは基本的にどちらかの家で夜ご飯で、外に出かけることはほとんどない。

私の家に来ることが多く、外食など全然ない。でも外に出かけたときは完全に割り勘なのも腑《ふ》に落ちない。そのくせに仕事の付き合いなどで展示会や外食に行っている。仕事だとわかっているが腹が立つ。

　大きな不満はこの２つなのですが、「私の不安や不満を聞いてくれないなら、そこでできた穴をワガママによって埋めてやる!!!」という気持ちになり、一緒に寝ているときも「ぎゅーってして！　ぎゅーぎゅーぎゅー×１００!!」と言って、私が満足するまでしてもらったり、帰ると言われたら、「ヤダヤダヤダヤダヤダ×１００!!　ギャァァァ！」と、「わかった」と言うまで叫び続けてしまいます。

　彼は「５歳児になったみたいだね」と最初は笑っていたのですが、だんだん「僕がこうさせてしまったんだろうか……」と考え込むときもあります。最近は、小さな不満も大きな不満も、溜め込まずに彼に伝えているのですが、それでもお互いに変われません。

　もともと、メンヘラっぽいところがある私ですが、歳を重ねるごとに自分を抑えられるようになりました。

　長年の男友達にも、「自分のメンヘラをうまく飼い慣らして、いい女になった」と言ってもらえます。他の男性と一緒にいるときはこんな風にはならないのですが、彼といると、私のメンヘラが目を覚ましてしまいます。

　最近はワガママを言う私に彼がイライラし、イライラしている彼を見てこっちも泣いたり、ワガママ攻撃、という最悪のループです。

　彼だからこそ出せる自分らしさなのか、相性が悪いのか最近はわかりません。

彼とどうすれば良好な関係を築けるのでしょうか。それとも、もっとメンヘラが出てこない人と付き合うべきなのでしょうか。

うまくまとまらず長々とすみません。よろしくお願いします。

A.07 あなたが彼と別れない理由

あなたが銀行強盗だとして、窓口に座る彼の心臓にメンヘラ砲を突きつけ、要求を端的に告げると。

「外食デートで金を出せ！」

「私と結婚したいと言え！」

「そのミニマムライフをそろそろやめてしっかり稼いで安心させろ」

ということだよね!?

彼がこの全要求を飲むことはなさそうだけど、薄々それがわかっているであろうあなたがなぜ彼と別れないのか。

・・・伝承的メンヘラ遊びは一旦ストップ

なぜならメンヘラごっこがまだまだ楽しいから。もうメンヘラを脱してきているはずなのに、ずっと昔に味わった、全無茶振りレシーブしてもらえる愛されネバーランド体験がクセになって繰り返してしまってるから。

これは、たまにメンヘラの振る舞いをしたくなる某スイスイさんが、いまだに元彼もしくは自分を好きだった人に連絡をして、好き勝手なやりとりをして満足してフェードアウトする現象と似ている。

ただし、人生を先に進めたいあなたに、この遊びは時間の無駄でしかないので一旦やめよう。

・・・妙齢踏み絵があぶりだしたリアル

そしてもうひとつ別れない理由があるとすれば、あなたがあなた自身の要求すべてを「何だかんだ愛で解決できる」と思い込んでること。

たしかにこれまではたいてい愛のゴリ押し（彼が具体的に改善策を取らないまま愛情表現でごまかす決まり手）で乗り越えられたけど、今回は無理だと思う。

メンヘラ要求はほとんど「もっと愛して」に意訳できるから、それこそすべて「ギュー」のバリエーションで解決できたけど。それと今回はずいぶんトーンが違う気がするのだ。

妙齢きっかけで初めて将来を現実的に考えたあなた。今回の要求は意訳も何もなく、リアルのリアルに「金を出せ」だと思う。

ここでいう「金」とは、経済活動で保証される、安定した生活、穏やかな家庭、満ち足りた衣食住を約束する原資。

ちなみにゴリ押しで彼と結婚したら、あなたは日々夫に「ケチ」という殺意を持って生き続けるだけ。

彼氏と二人きりで仮想国家に生き、愛こそが通貨だったメンヘラですら、結婚というのは生活と地続き。円を重視するのはあたりまえだよ。

彼との将来は行き止まり。別れよう！

(多分彼はそんなに引き止めない気がするけど、仮に「俺変わるから」とか言われても無視して逃げて着拒して)

他責力はジョーカーのように

ではここからは、別れたあとのあなたについて。少しだけ変革をしてほしいことがある。

それはあなたの長所であり今回の鬼門である「すべて他人のせいにできる力」が関係してくる。

自分で気づいてるかわからないけど、あなたは類まれなるプラス思考の持ち主。

というのも今回の事態って人によっては自責問題として悩む人もいそう。だけどあなたはこの不満も自分のメンヘラ発動もすべて彼だけのせいにして結論「自分はいい女になった」の後味だけ味わうという着地。

この、高精度すぎるプラス思考ねじこみ技によって、これまでも自分を責めたり悩むことが他の人より少なかったんじゃないかな。

このあなたの魅力、これからも変わらず発揮してほしいのだけど、この他責力は「自分を責めない！」という強みのみならず「他人に期待しすぎ！」の罠にもなり得る。

この罠に、まさに落ちかけてる気がするのでこの機会にうまいこと抜け出してほしいのだ。

たとえば今回の相談文、「職業」に関しては空欄だけど自分の仕事や人生に満足してますか？ 少しでも一人の時間楽しめてますか？ そのすべてを棚に上げ、機嫌まるごとを彼に丸投げしてないですか？

かくいう私もまさにそうで、特に気分が落ちてるときは「私の機嫌が悪いのは夫が私に尽くしていないせいクソ」などと邪念で満ちる。

メンヘラ過渡期なんて5000割彼氏のせいにしてきたが、ここ数年、このような他責癖はかなり減ってきた。

その理由は、自分で自分の機嫌を良くする方法を習得してきたから。

たとえば最近だと、子どもをしっかり預け一人時間を確保すること（幼稚園の延長保育など）。その時間に大きな公園内のスタバ窓際でがっつり原稿を書くこと。そのあと自分の食べたいランチを食べること。たまに友達と会うこと。好きな服を買うこと。上記に必要なお金を、やりたい仕事で最低限稼ぐこと。

とてもささやかだけど、自分が機嫌良くいられる方法を把握し、それを日常に敷き詰め倒しているからある程度自分で立て直せる。大人か。

R30メンヘラのご機嫌は4割自己負担

この自分の機嫌を取る秘術こそ、R30（30歳以上）メンヘラに必要なスキルだと思うのだ。

というのも、メンヘラは年齢が上がるにつれメンタルフォローの自己負担率を上げざるを得ないと思う（年齢が上がるとともに保険の負担額が上がることに似ている）。

なぜなら、それまでメンヘラの面倒臭さって「何だかんだ可愛い」が相殺してきたけど、見た目が渋くなる年代からのメンヘラは、ふつうに面倒臭さが勝つから。

30代メンヘラならせめて4割、機嫌を自己負担しないと、最終的に誰にも1割も受け止めてもらえなくなると思うのだ。

少しでも誰かに頼り甘え依存するのがデフォル

トな我々にとって、レシーバー不在は致命的。ということで、未来のメンヘラ欲への投資だと思って、あなたにも自分の機嫌は多少自分で取ってみてほしい。

だいぶいまより楽になると思う。

と、昨夜ここまで書き上げたその直後。

私は夫に産後最大級の感情爆発メールを送っていた。内容としては「一日中、育児も家事もしてるのに、ズボンの干し方ひとつでため息つくな。長男に怒鳴りすぎて楽しさより苦悩が勝つ日々だ。この状況において今後またしても小さなことで文句を言うようなら速攻出て行く」という感じで、それを9割感情的に伝えた混沌文だった。

思えば私は、この数年、家事育児に関連した夫への不満を、何だかんだすべてギュー関連で相殺してきた。が、結局その不満は何も解決しないまま、土砂のように積もり続けただけだったらしい。自分のことを棚に上げて回答を書きながら、私の土砂が崩れた。

ほとんど初めて私からの家事育児土砂崩れにあった夫は、既読のまま、一切返事を返さなかった。が、深夜に彼から届いたのは、家事タスクがびっちり記された夫婦間家事分担表だった。

彼はメンヘラ妻の扱いが、私よりもうんとわかっている。メンヘラの感情論に感情論で返しても時間の無駄。

新方程式「感情論には、エクセルを」である。自分の状況を整理してくれて、具体的解決策を無言で示してくれたその図に、私の土砂は取り除かれた。

やっぱり、愛でなんとかできない問題もあるんだね。

Q.08

4股かけてた元彼に復讐したいのですが、効果的な方法は？

（軒下・32歳・女・メンヘラ）

スイスイさんはじめまして。いつも素敵な回答を読んで感銘を受けています。

急遽相談したいことができました。

「出張ホストになった因縁の相手に自分の幸せな姿を見せつけてみじめな気分にさせたい」ということです。こういう場合、スイスイさんならどのように計画を立てられますか？

状況などを説明しますと……私はいまでこそ、家事育児をきちんとする賢くて楽しい夫と、かわいくて元気な子どもに恵まれ幸せな育休を過ごしてはいますが、数年前までは恋愛による拒食で毎日嘔吐するメンヘラでした。

「出張ホストになった因縁の相手」は4歳ほど年下の、羽生結弦似のさわやかな見た目の男子ですが、実態は4股かけているメンヘラ製造機でした。

私は彼のセカンドかサードかフォースで、惚れた弱み（顔がとにかく好み・趣味も合って一緒にいて最高に楽しかった）と自信のなさ（容姿コンプがすごかった・いまは克服）で毅然とした態度を取れず、ひたすら「彼のすべてを許す」聖母化することによりその場を誤魔化していましたが、限界が来て超メンヘラになり、彼からフェードアウト。

その間、彼の本命彼女（ブス）に脅迫のメッセージを送られてきたりもし、完全に縁は切れました。

それから何年も経ち、いまの私には仕事も最愛の夫も子どももあり、最高に幸せですが、ひとつだけ心残りがありました。

因縁の相手を直接、精神的に殴っていないことです。

「幸せだったらいままでのことなんてどうでもいいはず・忘れるのが、幸せになるのが一番の復讐」はよくある言葉ですが、私に関してはそうではありません。機会があれば絶対に、精神的に直接ダメージを与えたい。


「いつか偶然会ったら、いまの幸せな私を見せることができるのにな……」と思いながら生活をしていたのですが、昨日、なんとなく彼の名前を検索したら「出張ホスト」になっていることが判明。

まさか合法的に、お金を払うだけで願いが叶うとは思わなかったので、飛びつきました。


早速メッセージを送り、友人に代わりにデートしてもらうこと、夫には一緒にすれ違ってもらうことに了解を得ました。

実行日は1ヵ月後になりそうで、考えた段取りは以下の通りです。

友人と因縁の相手、お店で合流してもらう→その後友人（私）の家に行くから今日は1時間だけ、この店で待ち合わせると説明→30分くらいして私と夫が子どもを連れて通りかかる→軽く挨拶と談笑して私と夫と子供は離れた席へ→出張ホスト終了→私と友人合流。

友人は会話の録音と、相手の情報を引き出してくれると言っています。

また、私側の準備としては、当日まで容姿のアップデートをする予定です。

そのほか、何か用意したほうがいいことや、必要な心構え・良い段取りがありましたら、アドバイスいただけないでしょうか？

もっと根本的な何かをご指摘いただけるのもうれしいです。

A.08 目的が叶わない作戦

や、なんだろう。

感想が「すげえな……」であることは確かなのだけど言いたいこと、落ち着いて整理して伝えたいと思います。

昨日元彼がホストだと発見し、直後に友人と夫を説得し、その翌日の10時20分にこの相談文を送ってくれているあなた。一回、深めの息継ぎして、落ち着いてほしい。

そして早速だけど、超重大な、超根本的な、事実からお伝えしたいと思うのだけど……「彼に精神的ダメージを与えること」と「あなたの幸せな姿を見せつける」は、あんまり関連してないと思う。

だって、彼にとってあなたは、当時のブス本命彼女以下の、わりとどうでもいい存在だったわけで、そのあなたがどんな相手と幸せになっていようが、ちょっと可愛くなっていようが、彼にとっては割とどうでもいいと思うし、多分無傷だと思う。

よっぽどあなたが、彼の望むタイプの女性になって、彼が最も欲しいタイプの幸せの形手に入れてたら別だけど、もともとあなたと好みのタイプ（女性の顔に関して）もズレている上に、現在ホストな彼が、いまのあなたの素朴な幸せを見ただけで深く傷つくような可能性、かなり低いと思う。

ということでこの作戦、そもそもあなたの目的そんなに叶わないから、一旦、速攻中止してほしい。

あとこれ重要なのだけど、仮に彼がその作戦で傷を負ったとしたら。それをあなたはどうやって実感するつもりなのだろう。あなたを見た彼がわかりやすく顔をゆがめたり涙流したりするってこと？ 録音している友達に、初対面の彼があなたへの未練を話し始めるってこと？ なくない？？

万が一少し傷ついてたとしても、現実世界の大人はあんまりそんなわかりやすい態度取らないと思うしむしろ天邪鬼に満面の笑顔向けてくるかもしれない。

とすると、予定通り作戦実行できたとしても「あれ思ってた反応と違ったな？」と思って余計何年も苦しむことになりそうじゃないか？ 少なくとも「大成功！」ってスカッと打ち上げするとかにはならなそうだよね。

大中止理由

というのと、速攻中止してほしい最大の理由もうひとつ。それは不要に家族や友人を巻き込みすぎてるところ。

過去にひどいことをされたあなたが、暴走して、一人でこの作戦を決行してしまうのなら、まだ理解できる。

でも、なぜ今回その友達と、旦那さん（と、まだ小さいお子さん！！！）までもが、この作戦に乗せられてるの⁉

この元彼が逆上したりして、ご家族を巻き込んだりするリスク、取るべきじゃない。

こいつは4股かけて、最終的にそれをバラしてしまうような、かつ、それを反省もしないような、自己中心的で、己の欲を中心に台風のように生きてきた奴である。しかも脅迫文を書くような元カノを許容していたような奴。

そんな彼が大人3人がかりに罠のように騙されたと気づいたら、何をするか予想できない。

しかもウソをつきまくってきた人って、人のウソ見破るのだけは得意。この元彼はあなたと旦那さんが偶然通りかかったなんてしらじらしい演技、見破るにきまってるよ。

しかも、彼と同じ店で過ごすあなたが正気でいられる保証もない。冒頭、「すげえな……」とかオブラートに包んだ感想書いちゃったけど、第一印象で浮かんだ言葉はたったひと言。

「すげえ（バカなのか）な……」です。

さすがに目を覚まして。

大切な人たちを巻き込まないで。もう少し頭使って。

彼はそんなに悪いのか

ここで一瞬、根本の根本な話に触れたい。この彼は、そんなに悪いのだろうか。

「メンヘラ製造機」なんて名付けてるけど、メンヘラを製造できる人なんて存在しない。

最終的には、あなたが自分で決めて行動した結果、一度許し、許せなくなり、だけどその当時怒りをぶつけ切ることもできずメンヘラ化して終わった。

恋愛ってどんな場合でも責任10対0ってないと思うから。

私も、自分のこと彼女だと思ってたのに実は浮気相手だったということはあった。当時は、怒り狂い悲しみ惑いショックで打ちのめされたりもした。

だけど……この彼に、幸せを見せつけたいとか、まして仕返しをしてやりたいなんて、もう思わない。パワーを割く気がない。好きじゃないからら。他の元彼には基本幸せ見せつけたいけど、この彼だけは全然。

さらに言えば、嘘であっても関係していた一瞬は幸せだったし、2番手ならではの楽しみが味わえた気もするし、私もその恋愛を共作した側だし、一方的な怒りはない。

あれ？　私、メンヘラ改め、聖人になったか？　と思ったが違う。

私とあなたの違いは聖人かどうかじゃない。

あなたの場合は、多分、まだ、彼のことが、好きなのだ。

・・・モヤモヤを解決する方法

あなたのモヤモヤが早めに晴れる道筋は、多分2種類。

・彼に謝られる
・彼のことどうでもよくなる

順番に触れます。

・・・彼に謝られる

私が思うに、あなたのモヤモヤがマックス晴れる理想状況とは……彼と2時間くらい二人で話して「俺はお前のことも、好きだと思ってた。だけどあのときは幼くて、ちゃんとできなくて、ひどいことしてごめん」って、言われることなのでは。

傷つけたいというよりは、ちゃんと謝られたいんじゃないかな。それが叶わないとしてもあなたが自分の口ではっきりと「私はあのときとっても傷つきました」と伝えることにより、あのとき傷ついたまま放って置かれたあなたの亡霊は成仏するのではないか。

・・・彼のことどうでもよくなる

そして少し訂正するのだけど、あなたの大作戦はあながち間違ってないところがある。

「彼の実物に再会する」という点においてだけ。

会わないままだと好きな頃のままイメージが凍結してるけど、この彼に関しては会ったら興醒めできる可能性高いかも。

というのも彼、あなたの思ってる彼とは相当変わってしまってる気がするのだ。あなたは彼が〝不幸の末に〟ホストやってると思ってるよね。「ホストなんかやってるみじめなおまえが、こんな満たされた私たちを見たらさぞ傷つくでしょう！」的な。

でも28歳のイケメン羽生的には、色々な仕事をした末にガチでやりがいを感じてホストしてる可能性も十分にある。

だって〈昨日、なんとなく彼の名前を検索したら「出張ホスト」になっていることが判明〉ってさすがに本名でホストやってるではないにしろSNSなど本名と紐付いた場でホストしてること明かしてるんだよね？　それ、本人はいまの自分の境遇に割と満足してる気がする。

あと28歳が不幸の果てに消去法で選んでいる仕事にしては攻めすぎてるし。結構前向きな気もする。

もしその場合、店で目撃する彼は、あなたが知ってる彼よりイキイキしながら出張ホスト業務をこなしてるわけで、それはいよいよ「あれ、私の思ってた彼じゃないいな……？　ちょっと世界違いすぎるな？」という冷や水な感覚に襲われる気がする。とらわれていたものからやや解放されるかも。

ということでまわりくどくなったけど。

ホストと顧客として2人で、気が済むまで会ったらどうでしょうか。

友人と旦那さんには「やっぱり関わるのやめることにした」などと説明し、あえて当日もまわりに配置せず。身内の視線を気にせず、素直に思いの丈を伝えるのが良いと思う。

・・・心残り

そして。このタイミングで身も蓋もないことを言う。あなたは今回の行動の理由をこう書いている。

〈いまの私には仕事も最愛の夫も子供もあり、最高に幸せですが、ひとつだけ心残りがありました〉と。だからその心残りを解消するために、動き出すと。

だけど思う。心残りがひとつもない人なんて存在するのだろうか。

いや言い方を変える。心残りがひとつもない人なんて、それ楽しいんだろうか。

心残りってその人の性格に奥行きをつける、大事なエッセンス的なものになると思うのだ。

あなたの場合、「美しい顔をした、クソ野郎のことが心の底から好きだった」という巨大な心残りがあったからこそ、それ以降よりいっそう自分を大事にすることができ、いまの旦那さんと出会えたのかもしれない。

いつか見せつけたいという気持ちで、それを指針にパワーを発揮したからこそ、満たされたいまを手に入れられたかもしれない。

そして、あなたは今自分が何をしても、手元にある幸せが存続すると思ってるかもしれないけど……もう少し、その幸せに丁寧に目を向けてもいいかも。

優しい旦那さんは、何も言わないかもしれないけど。急に妻が元彼の職業を（昨日）つかみ、仕返しに燃え、すでに相手にメッセージまで送り、なんの躊躇もなくその協力要請してくるなんて……まあ通常は「落ち着け」となだめると思う。

長いスパンで幸せを見据えられる状態ならば。だけどそれができないって、あなたの狂気におののいているのか、旦那さん自身疲れてるのか、あなたに日頃弱み握られてる感あるのか、口答えできない関係性なのか……家庭内の幸せバランスが微妙な気がしてならない。

計画が進み出してから「自分は何をしているのか」と旦那さん自身も葛藤しそう。巻き込まれてる友人も内心心配してそう。つまりこの作戦の存在はまわりをハッピーには導かないと思うのだ。

大切なものは、何なのかしっかり考えてみてね。

Q.09

典型的な〝良い子〟の私がありのままで愛されるには？

（めんへらこ・32歳・女・高校教師・ややメンヘラ）

・・・何も取り柄がなくても愛されたい

私は32歳、女性、ややメンヘラです。

私は、昔から典型的な「良い子」をしてきました。家が荒れていたので、良い子にならざるを得ませんでした。当然反抗期もありません。

成績は良く、できるかぎり人を思いやり（わざわざ意地悪をしても仕方ないし、罪悪感も嫌だし）、感情のコントロールができ、家を背負い、いつも良い子ね、大人ね、と言われてきました。

もちろん、人により正しさや傷つくところは違うので、他人を傷つけたこともあるとは思います。

私の望みは、性格の悪さを外に出し、他人が嫌がることをし、負の感情をぶつけまくり、何も取り柄がなくても、愛されることです。相手にとって、私が何のメリットもなくても、愛されてみることです。

それが、ワガママであることもわかります。

私だって、何の配慮もなく、負の感情をぶつけてきまくり、ワガママで、性格が悪い人が、このままを愛してくれと言ってきたら嫌です。

試しに、自分が正しいと思っていたことの真逆を彼氏に試してみたところ、案の定怒られました。そりゃそうだろと思います。

人は、良いときには好かれ、悪いときは離れていきます。成果を出し、優しさを出し、人を救えば、人には愛されます。その逆も然りでしょう。

そのままの自分をすべて愛せるのは、自分自身しかいないというのもわかります。他人は私の親ではないので、お互いに気を遣い合い、良い関係を構築していかねばならないでしょう。

スイスイさん、私は、私の良い子の部分を出すしか、愛されないんでしょうか？　子どもっぽい悩みでごめんなさい。よろしくお願いします。

A.09 あなたの願望

まず。あなたには2つの願望がある。

「ありのまま愛されたい」
「負の感情ぶつけまくりたい」

これがブレンダーにドーンッと入れられ「ありのままを愛されたいから他人を攻撃してみた」という奇天烈なドリンクとなっている。

が……その2つの願望は、似ているようで別物。

そして、あなたの混乱に大共感、まさか同じようにその願望ごちゃまぜにし一気飲みしてた、奇天烈メンヘラ期を過ごしたのが私。

その経験生かし、あなたに長年のしかかる巨大なモヤモヤの氷、溶かしつつハッピー目指したい。

●●● エルサ欲は人間のデフォ感情

まず「ありのままの自分まるごと愛されたい」をシンプルに訳すと「自分を肯定してほしい」であり、それは幼児の「ママ、わたしすごいでしょ!?（みてみて！）」と同じ素直な承認欲求なので、人間として当然持ち得る欲求だと思う。

「ありのままを愛されたい」という欲、今回は一旦「エルサ欲」と呼びます。

ありのままを愛し愛される関係が築けたら……それはそれはストレスフリーで幸せな世界だと思う。実際いま私もそれに近い関係を築けている友人が何人かおり、ありのまま最高の桃源郷となってる。

だけど……ここで重要なお知らせがある。

たいていの人は自分の「ありのまま」をわかってない。

かつての私がまさにそうだったし、きっと今のあなたもそれに近そう。

かつての私は「攻撃的ワガママ」を自分の「ありのまま」と勘違いし、自分のありのままをよく知らないままエルサ欲にまかせて、テロリストのように振る舞っていた。

具体的には……会えない彼氏に、昼夜問わず（主に夜中）「いますぐ来て、さもなくば手首切る」という感じの脅しを繰り返し、少しでも遅れれば暴言と叫びを畳みかけ、物を投げ壊し、何時間も拘束する始末。

これは「素直な私の欲をすべて受け入れることで愛して！」と願う素直な承認欲求と見せかけて、いま思えば全然違った。「いますぐ来て」はありのままの欲でもなんでもなく、ただの捏造《ねつぞう》したワガママ。

なぜ捏造していたかというと、受け入れられるワガママがひどければひどいほど相手の愛が強いと勘違いしていたから。偽の愛チャージのためだった。

相手にもし拒絶されたなら（メンヘラホイホイはたいてい拒絶しないのだけど）愛が足りないと責め立てた。もはや自分でもワガママとありのままの境目がわからなくなっていた。

本来のストレスフリーな「ありのままの自分」とは、無理な気遣いや演技をしなくて済む、素の自分のことだと思うのだけど、逆に自己嫌悪に陥り余計なストレスまで生んでた悪循環。

ありのままの自分を自分できちんと理解できたなら、もっと穏やかにありのままを晒し、エルサ欲を満たすことができたと思うのだけど。

ありのままと対面してみる

ではありのままの自分を知るにはどうしたらいいか。

よくできた話だが私が本当の意味で自分のありのままに気づけたのは、ｎｏｔｅを書き出してからだった。

ｎｏｔｅにエッセイを書いてみて初めて、私こんなこと考えてる人だったんだ!?と気づけた。

書いてみる前は「最近ネットでよく見るメンヘラって、かつての私のようだな?」くらいしか思ったことなかったのだけど、自分の状況や考えをいざｎｏｔｅに書き始めると、それを皮切りにスルスルスルスルと、宿便のように、書けば書くほど奥に潜んでいた自分の考えは言語化された。

ありのままの姿って、自分と向き合ってどうにか取り出してみないと、自分でも把握できないのだと思った。

そうして公にありのままを晒してみたら、ありのままでいられる関係が勝手に増えていった。それまでは昔からの友人の前でも、どこか無理してたところがあった。

ｎｏｔｅにド本音を書いたことで、昔からの友人とさらに腹を割って話せるようになったし、新しく気の合う友人ができたり、逆にそれまで友人のふりをし合っていた子と音信不通になったりした。ありのまま桃源郷、整備完了。

恋人など特定の相手に狙いを定めありのままを発射するより、先に自らありのままをさらけ出すことで、それを理解してくれる人が自然と現れるという釣り構図。こっちのほうが格段に効率良く「ありのまま関係」を作れる。

逆に、「ドン引きされてでもこの人にはありのままの自分晒してみたいな！」と思ったとき、ｎｏｔｅがあるとURL送るだけでいいから便利だった。ありのまま自己紹介ツール1つ持ってると話早い（私の場合ｗｉｋｉも使えて便利）。

……ということであなたの場合。

まず、自分が何を大事に考え何が嫌で何を求めている人か、ｎｏｔｅ書いて自分で自分のありのままについて理解してみると良い（今回の相談文を載せてもいいと思う）。

少なくともありのままのあなたは〈性格の悪さを外に出し、他人が嫌がることをし、負の感情をぶつけまくる〉極端な悪者ではないと思う。

私から見るにあなたは、ありのままでも、真剣に丁寧に自分の幸せの形を模索する、繊細でやわらかい人。

高校教師であるあなたの場合、生徒の模範となり立派な大人でならなくてはならない！という呪縛でより一層、普段からガチガチの気遣い固めすぎてるところもありそう。自分が苦しいと思うほどの気遣いは、心が壊れてしまうし、何より〝相手もしんどい可能性が高い〟ので少しずつ緩めてみる意識持ったほうがいいと思う。

やってみたらわかると思うけど、そのほうが、お互いが、気持ちよく過ごせる。

生徒にも同僚の先生にも、思い切って自然な自分を出せたら楽になっていくかも。

● ● ● 悪い子で愛されるには物々交換

とはいえ上記の方法では、あなたにあふれる「負の感情ぶつけまくりたい！」は収まらない。あなたのその欲、「悪い子欲」と呼びたい。

傍若無人に振る舞いつつ他者に愛されるために

は、〝物々交換〟しかない。

たとえば、傍若無人な態度なのに他人から愛される人を思い浮かべてほしい。メンヘラ以外にも、スタッフやファンにどれだけつっけんどんな態度取っても結局大勢に愛されてるっぽい超有名人とか。

残念ながらこれらは、あなたの理想である〈何のメリットもなくても、愛される〉状態ではない。メンヘラも超有名人も相手にメリットをガンガン提供し物々交換しているから、無茶苦茶しても愛されるのだ。

たとえばメンヘラの場合、ものすごい顔が可愛くて所有欲満たしてくれるとか、ツンデレのデレの部分がホイホイを癒やすとか（あくまで例ですが）ものすごい良いセックスをするとか……表立たないところでメリット確実に提供してる。

傍若無人な著名人だって、才能を身近で感じられるとか、その人といることでお金もらえるとか、チヤホヤした世界にいられるとか、他者にメリット与えてる。つまり、メリットを提供しないと、やはり悪者のまま愛されることはない。

あなたの最大の勘違いは、世間一般の家族に関して「家族というのはメリットゼロでも、どんな嫌なことしても、愛される関係」と思い込んでることかと。それは幻想だと思う。

嫌なことしまくってくる家族のことなんて、誰も本当には愛さない。普通に距離置きたい。

さすがに幼少期であれば、メリットまったく与えてこない相手でも育てるしかないのだけど、それは親としての義務や責任感であり「愛してるから！」とかではない。

逆に「常に嫌なことしまくってる家族だけど、それでも愛してる」と言い切る人がいたら、それは愛じゃなく思い込みか依存だとも思う。

〈スイスイさん、私は、私の良い子の部分を出すしか、愛されないんでしょうか？〉

もうすでに、あなたのありのままがあふれた今回の相談文を読んだ読者のうち、50人くらいは「うわーこういう優しくて慎ましい人、気が合いそう」って思ってると思うよ。

そしてあなた自身がまず、あなたのありのままを知り、愛することから始めてほしい。

Q.10

父のレイプ、母のネグレクト、援交、風俗、離婚、精神病院入院。それでも幸せになりたい

（メンフラ長子・39歳・女・公務員／風俗嬢・ガチメンヘラ）

・・・母親への憎しみがとれない悩み

先月、真夏日の日中、自分の母親を路上へ置いてきぼりにさせて一人で帰宅したあと、すべての連絡手段をすべて断ち、私は親を捨てました。

子どもの頃、私は父からレイプを受けて、食べ物はろくに与えられない子どもでした。

いま流行りの映画「万引き家族」に出てくる子どものように、家の中でも、学校にも、自分の居場所がまったくない子どもでした。

母は、毎晩、父に顔面を皿で激しく殴られて、頭から血を流していました。母は、私が小５のときに夜逃げを決行しているのを私は目撃しました。誘われませんでしたが、私は死にものぐるいで、母の自転車の後を追いかけました。

着いたのは、古くて昼間でも真っ暗な公団で、若いのに生活保護を受けて酒を飲んで公団の中を徘徊している人や、フィリピンの風俗嬢が密集して住んでいる、６畳ワンルームの部屋へ母と私は入居しました。

それから私は小５で役所へ行って転校の手続きをしましたが、転校先の先生からは、前の小学校の成績表もないから成績がつけられないと言われて、そのためか、毎日、頻繁に授業中、指名されては立たされて問題をその場で解くような嫌がらせにあいました

私は、解くことが嫌になり、無言でいつも授業が終わるまで自分の席で立たされていました。クラス中でクスクスと笑われ、バカと書いた紙を投げつけられたり、アホと書かれた小さい紙が回ってきました。

うちに帰ると、母は23時まで毎日外泊しており、私は一人でした。

母は家にいても、ゴルフのスイングの練習に熱中しており、私の顔の前で大きく振っていました。母は不倫をしており、自分が帰宅するまでに、私が食事や風呂の支度をしていないことにカンカンになり、毎日産まなきゃよかったと憎まれました。

学校のことや、公団に住んでいるアル中の臭いデブ男にレイプされても、私は母へ相談することがまったく何もできませんでした。

高校へ入学するときは父に学費を払ってもらえるように電話をかけたら、父は、インドネシアに

住み幼女を金で買い、自分の嫁にしていました。私もその中に入るように誘われましたが、何も言えませんでした。

私は公団に住む臭くてでかい体の男にレイプされたあと、性に目覚めて中学から体を売りました。それで毎月10万稼いでようやく、好きなときに好きなごはんが食べられる生活を手に入れました。性病にいつもかかって、かゆみがひどくても公衆電話から連絡して男を見つけて抱かれて金をもらいました。

高校はほぼ毎日ラブホテルから通学しました。

それが普通だと思ってクラスの女子に話したあと、担任に呼びつけられて、誘われましたが、キモかったので断りました。

だいたいそんな生活を高卒まで続けて、高校を出たあと、家を出て、昼は公務員、夜は風俗嬢の仕事を続けていました。

28で結婚をしてみたけど、夫から貢いで貰わないと愛情が湧かずに、私は電話で男を買って夫以外の人とセックスしまくっていたのがバレて、離婚しました。

それから、また一人になって、昼は公務員、夜は風俗嬢に戻りました。

30を過ぎたある日、8歳年下のイケメンに飲み屋でナンパされ、情熱的に求められた私は、初めて心と体のつながりを感じて再婚しました。

私が35を過ぎたあたりから、私を飽きたと話す夫が彼女を作り始めた頃から、私は自分か夫を殺そうとしました。

いまから3年前に、捨てられ離婚をした後は、精神科病院のベッドの柵の中で過ごしました。

退院したのは、2ヵ月前です。生活保護を受給する件で母へ連絡が入りましたが、母は女手ひとつで私を育てたと主張し、いかに私が悪い人間なのかを主張しました。

退院後、引っ越しをした私の元へ母が来ました。私は鬱と失声と8歳年下の元夫から受けた暴力により聴覚がなくなっていましたが、母はずっとヘラヘラと表面的に笑い、お金ないの？　と、私の引っ越した4畳半のアパートを見てキョトンとしていました。

母は、私が食事の準備をしないと、まるで子どものように、キョトンとしたまま、ねー、ごはん食べないのー？と言いました。

引っ越しの手続きをするために役所へ行き、着いたときに母は、私が体を壊したり、2回離婚したのは天罰だと言って、役所にいる私の生活保護の担当者へ、私がいかに幼稚で頭が悪いのかを話し、自分がいかに立派に私を育てたかを話しました。

その帰り、役所の前で母を置き去りにして、母が私に連絡できる手段をすべて断ちました。

私が欲しかったのは、毎晩ごはんをくれる人、悩みを聞いてくれる人、自分を信じて生活を共同で守ろうしてくれる親の存在でした。

私は親を捨てました。でも、捨ててよかったのか、毎日悩んでいます。

スイスイさんが、私だったらどうしてましたか。

私はいま貧乏の最中です。セックスもしてません。昼は作業所で過ごして、生活費は市からもらっています。

私は、幸せになる方法がわかりません。

お金を稼いでも愛情の飢えが止まらず、入院中、時間があっても穏やかな気持ちになりませんでした。

私は、この先、どうやって生きるのか、わかりません。まったく、わかりません。

A.10

朗報

まず何より何よりはじめに。あなたはいま「幸せになりたい」と思っている。

「こんな人生幸せになれるわけない」と決めつけたり「死にたい」「消えたい」などではなく、この自分を生きる前提で「幸せになる方法がわかりません」と葛藤できている。

それを探して、はるばるこの連載まで助けを求めに来てくれている。

これはきっとあなたが3年間の入院生活を乗り越えたことによる、大成果だと思う。そんな気力がなかった頃もあっただろうし。


そしてそんないまのあなただからこそ、正常な判断においてお母さんのことを「捨てる」選択ができた。

たったいまの自分にとって苦悩でしかない相手を切ることができたのは、むしろ健全であり、本当に良かったと思う。

幸せとは

では。「幸せに生きる方法」について。

幸せになりたい？ それなら、自分の本当の欲に向き合って。「死ぬまでにやりたいこと100」書いて。それ実行するだけだよ！

……と、いままでの私だったら叫んでいたかもしれないが、今回は撤回します。

やりたいことが100個も書ける人は、あらゆる自分の価値や世の中の「普通」を信じられている人だ。

あなたの場合、自分で感じている自分の価値がかなり低い。かつ、価値を感じられるときがあったとしても「セックスとお金」が関連しているときだけだったのでは。そして、世の中のこと全般が信用できないのでは（人間としての価値を否定され続け、そうならざるを得なかったのだと思う）。

セックスとお金以外にも、あなたが価値を発揮できることはたくさんある。

幸せになるためにはまず、その価値を掘り起こし自分で実感しまくることが必要だと思う。

というのも、幸せの大きな要素とは、もしかすると……〝自分自身（もしくは子どもやアイドルなど自分事）を好きな時間が長い状態〟ではないかと思うのだ。

人は何だかんだ、自分に好かれるために生きている部分が大きい。

好みが変わることももちろんあるけど、一つひとつ調整を重ね、自我（自分自身に対する意識）と実際の自分を相思相愛にしていくと幸せにつながりやすい。ちなみに、世の中には「自分のこと嫌い」な自分こそが大好きな人もいて、そういう人はそれで幸せ。

自分と相思相愛でいられると、他人に嫌われても飽きられても、そんなにたいしたダメージを受けずに先に進める。

逆に、自分のことを嫌いだと、自分で自分を認めるというより他人からの承認（と感じられるようなもの）で価値を実感しようとしてしまう。それがあなたの場合、セックスで求められたりお金を貢がれることなど。

だけどそのゴールはあまりに受動的であり、自分でコントロールすることができなくて不安定だ。

私はあなたに、「自分の価値を信じ、自分を愛し、未来を切り開こうと自分でコントロール」できる部分を増やしていく中で幸せに向かってほしい。

ということで一年後「あなたがあなた自身を大好きになってること」をまず目指したい。それだけでだいぶ世界は変わると思うから。

・・・あなたの価値とは？

あなた自身は気づいてないかもしれないが、あなたは類まれなる価値を持っている。

まずそれを具体的にお知らせしたい。原稿から読み取れるだけでもザッと４つ。

・自生する力
・巻き返す力
・人生経験
・文章力

①自生する力
自生とは本来「植物が、栽培によらないでその地域に自然に生え育つこと」であるが、まさにあなたの場合、両親から十分な生活を与えられなかった中、自分で稼ぎ、自立し生きる力が、尋常じゃなく備わっている。

②巻き返す力
ひどい状況やまわりの大人に流されるまま生きるわけではなく、自分で学費を捻出して高校を出たあと、さらには公務員になって自立していくあなた。

これ、自暴自棄にならず冷静に自分のいますべきことを判断し、そこに力を発揮できる集中力がとても高いのではないだろうか。つまり流されず巻き返す力が非常に強い。まったく同じ状況に置かれた他の人だったら、あなたほど選択肢をつかみとれなかったかもしれない。

③ 人生経験

「スイスイさんだったらどうしますか?」という質問に急に答えるが……私は連載史上初めて「自分だったらどうするか」が一切考えられなかった。

あなたの人生は私の想像などで憑依《ひょうい》できるものではない。逆に言うと、この世界には、〝あなたの経験がなければ理解することができない悩み〟を抱える人が、確かにいると思う。

そのすさまじい経験をあなたしか持ちえない価値だと捉え直すことは、あなたの人生にとって重大な意味を持つと思う。

④ 文章力

これは私に言われてもうれしくないと思うんですが、読者のみなさんのほとんどが思ってると思う。あなたの文章を書く力って、すごいと思う。現に私はこの相談文に心を奪われすぎ読むたび泣くのでしばらく手をつけられなかった。

これら4つの特殊能力を生かしつつ、あなたが1年後自分を好きになれる方法を考えてみた。

ちなみに……人が自分の価値を〝わかりやすく〟実感できる方法は2つだと思う。

自分にしか持てない価値で、

・褒められる（他者から、あるいは自分で自分から）
・感謝される

これを鑑みた上で以下作戦です。

・・・私はあなたを幸せにできない

それは……まず日記を書くこと。

あなたの場合、いまは混乱してると思うけど、しばらくするとごく自然に淡々と、自分のすべきことを考え、実行し、前に進むと思う（聴力や鬱の症状があってもできることをきっと見つけて）。つまりこれまで同様、自然と巻き返していけると思う。

だけどこれまで通りだと、その行動力や努力を、誰もほめてくれず、あなた自身もスルーしていく。そこを変えたい。

まずはあなた自身が実感するために、日々の変化のプロセスを日記によって、言語化してほしい。あなたの文章力ならそれができる。

より成果をわかりやすくするため、小さな目標を月初めにたくさん設定し、それをクリアできたか毎月末振り返ることもしてほしい。

「今月は作業所でこれができるようになる」「今月は図書館で借りた本を何冊読む」でも何でもいい。

子どもだましのような提案に感じるかもしれない。でも、ささやかでも自分の出来ることを実感することこそが、自分を好きになる土台を作る。

さらに。

それをＷｅｂで公開しながら進めれば、「感謝される」「ほめられる」にもつながるかもしれない。

あなたの経験と文章力は私よりよっぽど人を救う気がする。

あなたにしか寄り添えない悩みを抱える人が、たくさんいると思う。「自分のことで精一杯」かもしれない。でもそんなときだからこそ、自分が誰かにとって（セックスとお金以外で）価値を与えられることを実感してほしい。

公開日記が嫌だったら、昔のあなたと同じような状況に苦しむ子どもたちの悩みを（筆談でも）施設などに行き、聞いてあげることだってもちろん多大なる価値。

……と書いたのが2週間前だった。

それから私はずっとモヤモヤしていた。これらの方法であなたが1年後、幸せになれている想像がどうしてもできず悩み続けていた。

そこで気づいた。

私は、この連載で、あなたを幸せにすることができないと。私は、私の無力さゆえ、原稿上であなたを幸せにすることはできないと判断しました。なので特殊なご提案を今からします。

●●●ご提案

このまま〝いってらっしゃい〟とあなたを幸せ方面に、送り出せない理由をこの2週間ずっと考えていて、わかった。

それはいま、あなたにとって信頼できる人が地球上に、まったくいなさそうだからだ。

あらゆる人に裏切られ、再会した母にも傷つけられ、心を開ける相手もいない。どれだけ原稿から読み取ろうとしても、信頼できる友人もきっといない。

この状況でいまのあなたが心折れず公開日記を書き続けるって、難しいんじゃないかと思った。

だけど何度も読んでみて、原稿上からたった一人だけ、たったいまのあなたがわずかながら信頼を置いている人を発見することができた。

私こと、スイスイさんだった。

この状況下であなたはなぜか完全に私を信頼し、今回の悩みをさらけ出してくれた。スイスイさんはもしかしてあなたの対峙する地球上で、かなり貴重な、希望の一人なのではないかと気づいた。このスイスイさんへの信頼を利用したい。

私と1年間、Web上で交換日記をしませんか。1ヵ月に1回。つまり12回。ひとまず来年の夏まで。

私だったらあなたが10月にがんばったこと、11月に成長したこと、12月に新しくできたこと、ちゃんと発見できると思う。あなたより何倍も、誰よりも。

私に依存したら意味ないので1年と決め、自分自身で自分の良いところを発見できるようにもなってほしい。

もちろん、私と一緒じゃなくても書き続けられるならぜひ始めてほしい。その場合もちろん私はあなたの日記を見に行きコメントしまくりたいと思う。お返事待ってます。

母の視点

最後に。

ためにためた、「母を捨てて良かったのか」について。

現時点では良かったと思う。だけど……一度、母の視点で母の人生を振り返りたい。

結婚し、出産し、幼いあなたを育てながら、自分の夫に顔面を皿で殴られ、流血し続けた母。

毎晩それほど殴られ続けた経験は、もちろん私にも、多分あなたにもない。

想像するにきっと、生活の中は恐怖でいっぱいで、そこから逃げ出し、自分の命や心を守ることに必死だったのではないだろうか。

あなたがレイプされていることも知ってたかもしれない。どうしようもできないで殴られ続ける自分と、自分の選んだ夫にレイプされる自分の娘。この状況でお母さんの心が正しく機能することは、おそらく不可能に近い気がする。

あなたが小学5年生になるまで、なんとか耐え続けたものの、もう限界だと感じ夜逃げを決めた母。全力疾走でこの地獄から逃げ出したいとヤケになっていたかもしれない。

逃げ出したあとの生活でも、〝どうにかして幸せになりたい〟とあがき、不倫相手に夢中になることしかできなかったのかもしれない。

もちろん、あなたへの思いやりは失うべきではなかった。

だけど、このお母さんもあなたと同様、お父さんからの被害者である。精神的ダメージを受けすぎていただろうが、きっと十分な治療もせずそのままいまに至る。もしかするとその壊された心において、あなたへの思いやりを、失いたくて失ったわけでは、ないかもしれない。

なぜ母の肩を持つの!?と思うかもしれない。ただ私からすると、なぜお父さんよりお母さんだけをこれほど過剰に責めるんだろう?と感じる。どちらかというとマックスで恨むべきは父だと思う。

だけどあなたはどこかで、話が通じない父への恨みもすべてひっくるめて、母にぶつけすぎようとしている気がするのだ。

とはいえ、冒頭で触れたとおり、いまの母を捨てたのは、正しかった。

だけどこの先一生絶対関わらない！　と決めつける必要もないと思うのだ。また数年経ってあなたが落ち着いたとき、穏やかにはいかないかもしれないけど連絡してみてもいいかもしれないと思う。

苦しかった幼少期も、母を捨てたことも、ただの過去だ。

それとはまったく関係なく、あなたはどれだけでも新しく、幸せになれる。

本書はcakes「メンヘラ・ハッピー・ホーム」
（2016年1月4日〜2019年7月16日配信）
連載時の原稿を再構成し、大幅に加筆修正を行いました。

スイスイ

suisui

エッセイスト。1985年名古屋生まれ。大手広告会社での営業を経て、コピーライター・CMプランナーに。2015年、cakesクリエイターコンテストで入賞し、本書の元となる連載「メンヘラ・ハッピー・ホーム」でエッセイストデビュー。プライベートではメンヘラを経て100％リア充になり、現在2児の母。本書が初の著書となる。

note:@suisuiayaka

Twitter:@suisuiayaka

すべての女子はメンヘラである

2020年8月13日　第1刷発行

著　　者　スイスイ
発 行 者　大山邦興
発 行 所　株式会社飛鳥新社
　　　　　〒101-0003　東京都千代田区一ツ橋2-4-3　光文恒産ビル
電　　話　（営業）03-3263-7770　（編集）03-3263-7773
　　　　　http://www.asukashinsha.co.jp

企画協力　中島洋一、note株式会社
ブックデザイン　小口翔平＋喜來詩織（tobufune）
装　　画　ミツコ
本文イラスト　チヤキ
D T P　白石知美（株式会社システムタンク）
校　　正　鳥田寛
印刷・製本　中央精版印刷株式会社

落丁・乱丁の場合は送料当社負担でお取り替えいたします。小社営業部宛にお送りください。

ISBN978-4-86410-748-8

編集担当　木村文